CAMUS E BONHOEFFER

ARNAUD CORBIC

CAMUS E BONHOEFFER

Encontro entre dois humanismos

ALTA BOOKS
GRUPO EDITORIAL

Camus e Bonhoeffer

ISBN: 978-65-83604-59-0

Impresso no Brasil — 1ª Edição, 2025 — Edição revisada conforme o Acordo Ortográfico da Língua Portuguesa de 2009.

Dados Internacionais de Catalogação na Publicação (CIP)

C791c
Corbic, Arnaud.
Camus e Bonhoeffer: encontro entre dois humanismos / Arnaud Cornbic. Trad. José Orlando Pereira. São Paulo: Contra O Vento, 2025.

84 p.; 16 x 23 cm

ISBN 978-65-83604-59-0

1. Humanismo 2. Existencialismo 3. Teologia

CDD 144

Produção Editorial: Grupo Editorial Alta Books
Diretor Editorial: Anderson Vieira
Editor da Obra: Eduardo de Proença
Vendas Governamentais: Cristiane Mutüs
Gerência Comercial: Claudio Lima

Gerência Marketing: Andréa Guatiello
Revisão: Márcia Teixeira
Tradução: José Orlando Pereira
Diagramação: Luana Vulcano
Capa: Victoria Cristina Eduardo

ALTA BOOKS
GRUPO EDITORIAL

Rua Viúva Cláudio, 291 — Bairro Industrial do Jacaré
CEP: 20.970-031 — Rio de Janeiro (RJ)
Tels.: (21) 3278-8069 / 3278-8419
www.altabooks.com.br — altabooks@altabooks.com.br
Ouvidoria: ouvidoria@altabooks.com.br

Editora
afiliada à:

ASSOCIADO

Para meus amigos não religiosos.

Em reconhecimento a Hélène Politis,
Paul Valadier, Daniel Frey e, todo
especialmente, Éric Blondel.

Escolhi a justiça [...] para permanecer fiel à terra.
Ainda acredito que este mundo não tem um significado maior.
Mas sei que algo nele tem significado, e isso é o homem,
porque ele é o único ser que exige tê-lo.

(Albert Camus)

Deus nos faz saber que devemos viver como homens
que conseguem viver sem Deus [...]
Diante de Deus e com Deus, vivemos sem Deus.

(Dietrich Bonhoeffer)

SUMÁRIO

Prefácio 11
Introdução 17

I. A "Fidelidade à terra" versus os "além-mundos" 23
II. "O a priori religioso" 33
III. Crítica à transformação do absurdo "em um trampolim para a eternidade" 35
IV. O problema do mal e questão da onipotência divina 41
V. A oposição entre "ser um santo sem Deus" e "ser um homem" 49
VI. "Simpatia" e "caridade" 55
VII. Para além do idealismo moral e do realismo cínico 59

Conclusão 63
Textos escolhidos 67
Bibliografia 81

PREFÁCIO

A descrença entrou no cenário da fé: um novo "paradigma" para a pesquisa teológica, um novo "modelo" para entender a fé, uma nova "entrada" em sua memória, um horizonte de pensamento desconhecido para o teólogo dedicado a "dizer Deus".

Como todas as grandes mudanças na história, essa ocorreu silenciosamente, ou seja, só tomamos conhecimento dela depois do fato, e ainda estamos tentando descobrir quando e como ela aconteceu. Na realidade, a coisa fez muito barulho na época em que estava acontecendo, e isso durou vários séculos; um barulho abafado no início, quando o ateísmo estava avançando "mascarado", como dizem os historiadores do século XVII; Mas a fé se manteve vigilante, derrubou as máscaras e, atacada abertamente, foi capaz por muito tempo de se defender com valentia e contra-atacar com sucesso, até o momento em que soou o grande grito de Nietzsche, proclamando que "Deus está morto", e até mesmo que ele já estava morto há muito tempo sem que ninguém percebesse. Mesmo então, no entanto, nada parecia perdido; o ateísmo declarado, como Merleau-Ponty observou (em referência a Sartre), nunca é nada além de "teologia ao contrário": a negação testemunha o vigor da afirmação que ela pretende refutar, e a teologia da primeira metade do século XX ainda conseguiu tirar proveito das aberturas para a crença, a poesia, o sentimento e o mito proporcionados pela "nova filosofia" que sucedeu a da "modernidade". E então o barulho das lutas entre a descrença e a fé foi novamente abafado, sobreposto pelo clamor dos massacres do século. A fé ganhou o dia? Na verdade, não, mas ela não tem mais oponentes que se interessem por ela, e ela mesma não tem mais muita voz: o espaço para a crença diminuiu enormemente e a descrença se acomodou em uma indiferença complacente.

Esse é o novo paradigma da teologia ilustrado no livro para o qual Arnaud Corbic gentilmente me pediu para escrever um prefácio. Ele é ilustrado pelo confronto entre duas grandes vozes do século passado, duas grandes testemunhas da resistência do homem à barbárie, Dietrich Bonhoeffer e Albert Camus, um campeão da fé, o outro um desafiador da descrença. O autor claramente tem tanta simpatia por um quanto pelo outro, e isso lhe inspira uma compreensão igual de suas respectivas razões, de modo que sua oposição na questão de Deus não os impede de concordar na causa do homem.

– Então, um falso julgamento? De forma alguma, as motivações e as objeções dos dois pensadores são detectadas com delicadeza, em pontos precisos, e apreciadas com o mesmo rigor, em ambos os lados. Mas não é do mesmo Deus que eles estão falando, Bonhoeffer o vê impotente e oprimido na cruz de seu filho, Camus o reprova por basear seu triunfo no sofrimento dos pobres; e se ambos concordam em defender o homem, também não é sem mal-entendidos, o último acreditando que Deus só ama o homem de joelhos, o primeiro, ao contrário, que quer que ele o enfrente, que se levante. Crente e descrente se encontram, em última análise, no mesmo sentido do que é devido à dignidade do homem, exceto pelo fato de que o primeiro, seguindo os passos de seu professor Karl Barth, invoca a humanidade de Deus, enquanto o segundo, inspirado por Nietzsche, acredita que deve denunciar uma divindade que é intolerável ainda mais do que a intolerante.

Mas será que essas duas testemunhas foram escolhidas sabiamente, e Bonhoeffer e Camus são realmente representativos do paradigma que o autor pretende demonstrar? Não quero criar uma falsa disputa para defendê-lo no final, mas colocar uma dificuldade real que trará à tona a novidade da situação que este livro tem o mérito de confrontar. Por um lado, o "homem revoltado", cuja defesa Camus assume e do qual ele é uma ilustração viva, não é exatamente a figura da indiferença quiescente da qual falei como a forma mais difundida de descrença atualmente. Cerca de quarenta anos se passaram desde sua morte (em 1960), período durante o qual a sociedade ocidental continuou a se distanciar "silenciosamente" do cristianismo, a ponto de, após "a morte de Deus", ser possível anunciar "o fim da religião" (Marcel Gauchet em 1985). Se a revolta não é a atitude mais comum, não deixa de ser verdade que, quando questionada sobre as razões de sua descrença, a maioria das pessoas se justifica alegando que Deus não faz nada para aliviar a miséria do mundo e, ao contrário, parece suportá-la muito bem. Essa é a prova de que, mesmo na ausência de um ateísmo explícito, uma ideia de Deus permanece incorporada na memória de muitos descrentes, muito semelhante àquela contra a qual

Camus está lutando e, nesse aspecto, ele continua sendo um bom exemplo do clima não religioso no qual a fé floresce hoje. Mas será que vale a pena se rebelar contra essa ideia de Deus? Se a indiferença religiosa é meramente o outro lado da apatia em relação aos outros e ao destino da humanidade, o que impediria o homem de "superar a si mesmo", como costumava dizer o séquito de Nietzsche, e alcançar o nível do "super-homem", então Arnaud Corbic responde sem hesitação que uma atitude de revolta seria preferível. Se a ideia de Deus que Camus está combatendo fosse amplamente difundida no campo cristão, ele ainda responderia, e com razão, que ela deve ser combatida. – Mas será que esse é realmente o caso? A questão se desloca para o outro lado do paradigma, para o lado da fé, e é aqui que eu gostaria de fazer uma pequena diferença.

Essa ideia é a de um Deus que intervém nos assuntos dos homens quando é de seu interesse fazê-lo e que, de outra forma, é desinteressado, mas que os enche com suas consolações e promessas e se reserva o direito de recompensá-los ou puni-los em outro mundo, de modo que os homens nunca são senhores de seu próprio destino, não tomam sua história em suas próprias mãos, não dão valor a nada além dos bens eternos e estão preparados para suportar qualquer sofrimento, sem reagir, a fim de alcançar as alegrias do céu. Essa é uma ideia cristã? De forma alguma, responde Arnaud Corbic: ela pode ser encontrada "em um certo cristianismo", mas não vem da revelação cristã, como Bonhoeffer pode testemunhar. – Sobre essa expressão "um certo cristianismo", que aparece várias vezes, é onde está minha "diferença", que chamo de "leve", no sentido de que diz respeito à forma e não ao conteúdo, porque vejo essa expressão como um véu modestamente lançado sobre a realidade. Pois, embora seja justo dizer que a ideia de Deus rejeitada por Camus – separada da fé viva que a alimenta e deixada no reino das crenças – não é a interpretação autêntica da revelação cristã, não é menos verdade que ela vem da tradição cristã e é disseminada pela religião cristã. Será que Arnaud Corbic teria debatido tanto com Camus se tivesse encontrado nele apenas uma caricatura da ideia cristã de Deus? Será que ele teria se interessado tanto por Bonhoeffer se ele não passasse de um porta-voz banal da crença cristã mais comum? Se assim fosse, Bonhoeffer estaria tão ansioso para descobrir uma nova linguagem "não religiosa" para expressar a verdade do Evangelho? Suas ideias teriam encontrado tanta resistência nos círculos barthianos, apesar de sua reputação de mártir? E seria tão arriscado proclamar do púlpito, depois dele, que Deus prefere um incrédulo que atingiu a maioridade a um crente devidamente ajoelhado? Arnaud Corbic não ignora nenhuma dessas questões, como seus leitores logo perceberão. Portanto, se me detenho um pouco sobre a "diferença" que levantei, é para proporcionar uma melhor introdução ao "paradigma" que seu livro vai estabelecer, a saber: a nova maneira pela qual a fé encara a descrença, o que nos permite passar de "um certo tipo de cristianismo" para outro.

Desde suas origens e no decorrer de sua transmissão, a fé cristã se difundiu em um meio originalmente religioso, primeiro o judaísmo, depois o paganismo helenístico, cuja própria filosofia estava imbuída de religiosidade, e falava naturalmente a linguagem religiosa mais comum, aquela que invoca o "Pai Todo-Poderoso" e eleva a alma à contemplação dos mistérios do além e ao desejo de outra vida. Essa é a origem da ideia de Deus denunciada por Camus, mas não havia razão para rejeitá-la, desde que ajudasse o homem a "superar a si mesmo"; a revelação cristã não era mal compreendida nem traída, era simplesmente lida na linguagem cultural da época. Mas chegou um momento em que o céu da religião rachou no Ocidente, e a sociedade começou a falar uma nova linguagem, a do *Cogito*, que logo seria a da razão crítica, e depois outras, enquanto os cristãos permaneceram apegados à sua antiga linguagem, que era cada vez menos compreendida e praticada. Aqui se insere a história que este livro conta, a história de um passado que está muito próximo de nós, a memória da qual falamos hoje.

Albert Camus pega a ideia de Deus que ainda permanece em "um certo cristianismo" e a rejeita em nome de sua consciência humanista. Dietrich Bonhoeffer, na mesma época, no mesmo clima de violência, analisou a mesma ideia, extraída da mesma tradição, independentemente das diferenças denominacionais, e a rejeitou da mesma forma, ainda em nome de uma certa ideia de homem, mas extraída por ele das fontes da revelação cristã. De onde vem a divergência que surge dessa convergência? Da fé, seguramente, mas a fé não explica tudo. Foi necessário o crente concordar em olhar para o mundo, para o homem e para o que chamamos de "Deus" através dos olhos do incrédulo, e depois olhar novamente para a cruz de Jesus, até descobrir outra face de Deus, um Deus que se permite ser reduzido à impotência para conduzir o homem à sua maioridade.

O livro de Arnaud Corbic explica isso em detalhes. Gostaria apenas de enfatizar a mensagem que recebi dele: o novo paradigma para o teólogo não é levar a luta pela religião para o campo do ateísmo, mas despir-se de sua antiga perspectiva religiosa e permitir-se ser informado pela perspectiva da descrença.

Joseph Moingt

INTRODUÇÃO

Por que e de que perspectiva devemos esboçar uma comparação entre os fundamentos do humanismo não religioso e do humanismo cristão? Qual é o interesse? Qual a relevância?

Sejamos claros desde o início: o objetivo das páginas seguintes não é fazer um relato positivo dos fundamentos do humanismo cristão, com base em uma comparação apologética com o humanismo não religioso, mas confrontar os próprios fundamentos deste último com a existência--na-fé. O objetivo é trazer à tona a fecundidade do questionamento e da iluminação mútuos e, assim, evitar que essas duas abordagens diferentes do ser humano coexistam na ignorância uma da outra, especialmente quando consideramos que elas se desenvolveram precisamente em oposição uma à outra na história do pensamento. Portanto, evitaremos a armadilha de um paralelismo formal.

Na apologética, o objetivo seria defender o humanismo cristão contra as críticas do humanismo não religioso, mostrando – e, portanto, pressupondo – a superioridade dos fundamentos teológicos do primeiro sobre os fundamentos a-teológicos do segundo. A questão seria então colocada em termos de comparação. O valor relativo dos fundamentos do humanismo não religioso seria avaliado. O humanismo cristão pareceria ser o mais elevado, e também o mais universal, aquele que totaliza, de forma inclusiva e definitiva, o número máximo de valores.

Deixaremos de lado aqui o ponto de vista apologético[1] e vamos nos ater a um ponto de vista filosófico em relação aos fundamentos do humanismo não religioso, e a um ponto de vista teológico em relação aos do humanismo cristão, ou seja, partindo das afirmações de fé na Revelação, atestadas pelas Escrituras, que, em nossa opinião, são suficientes em si mesmas e, portanto, dispensam qualquer forma de apologética. Acrescentemos, com Heidegger, que "a filosofia é a interpretação do mundo e da

1 Você pode acreditar de forma válida sem ter feito todas as comparações. Assim como você pode amar alguém incondicionalmente sem ter feito uma análise comparativa de todas as outras possibilidades.

vida que mantém sua distância e liberdade da revelação e da fé. A teologia, por outro lado, expressa a concepção do mundo e da vida de acordo com a fé, em nosso caso, de acordo com a fé cristã[2]". Nossa perspectiva será diferente da de H. de Lubac, que ainda é demasiadamente apologética, na medida em que, como indica o título de sua obra, seu objetivo é examinar, do ponto de vista da fé na Revelação, a questão do Drama do humanismo ateu[3] para, em última instância, desqualificá-lo em seus impasses niilistas ou em sua pretensão totalizante de se terminar em si mesmo. Aqui, para cada questão que examinarmos, começaremos metodologicamente a partir do problema filosófico dos fundamentos do humanismo não-religioso, como ele surge no caso de Camus. Em seguida, para cada uma dessas questões, avaliaremos, por um lado, a crítica de Camus ao cristianismo, a fim de verificar se a concepção do Deus cristão contra a qual Camus se insurge corresponde realmente à Revelação cristã (que sempre pressupõe uma concepção, mas uma concepção que esteja de acordo com essa Revelação, ou seja, com as Escrituras), ou se corresponde a uma figura do "cristianismo" que não lhe pertence por direito próprio e que é um simulacro dele, daí o uso das aspas[4].

Mas, acima de tudo, ao compararmos os fundamentos do humanismo não religioso de Camus com os do humanismo cristão de seu contemporâneo, o teólogo luterano alemão Dietrich Bonhoeffer, revelaremos uma possível convergência entre esses dois pensadores, em um contexto de divergências inerentes a seus pontos de partida (ateísmo e fé cristã) e suas respectivas abordagens (filosófica e teológica). Mostraremos precisamente como essa convergência pode aprimorar o pensamento de Camus sem tirá-lo de seu contexto.

Se essa perspectiva dupla justifica o convite para comparar essas duas

2 M. HEIDEGGER, conferência em 9 de julho de 1927 no Cercle de Théologie évangélique de Tübingen, intitulada "Phenomenology and Theology", 2ª parte, § 1, citada no apêndice do colóquio de Davos, intitulado *Débat sur le kantisme et la philosophie: Davos, mars 1929* (traduzido do alemão por P. Aubenque), E. CASSIRER, M. HEIDEGGER, "Bibliothèque des Archives de Philosophie", nº 12, Paris, Beauchesne, 1972, p. 101.

3 H. de LUBAC, *Le Drame de l'humanisme athée in Oeuvres complètes*, Première section: L'homme devant Dieu, tomo II, 1959, Paris, Éd. du Cerf, 1998 (6ᵉ edition)

4 Não é Camus que se oporia a essa abordagem, ele que, falando do cristianismo, afirmou: "Não se deve julgar uma doutrina por seus subprodutos, mas por seus cumes" (citado por R. QUILLIOT em *Essais*, II, p. 1597).

ideias humanistas, a questão permanece: por que traçar um paralelo entre essas duas ideias? Em outras palavras, por que é relevante comparar os fundamentos do humanismo não religioso de Camus com os fundamentos teológicos do humanismo cristão de Bonhoeffer, e não com os de qualquer outro pensador cristão? – Sobretudo se considerarmos que Camus e Bonhoeffer não se conheciam e que, além disso, pertenciam a mundos culturais muito diferentes: Camus era um francês da Argélia, de uma família muito modesta[5], e Bonhoeffer era um alemão de Breslau, na Silésia (hoje Wroclaw, na Polônia), de uma família luterana aristocrática e culta[6].

O que eles têm em comum, entretanto, é que ambos foram contemporâneos (Camus nasceu em 1913, Bonhoeffer em 1906) e ambos eram pensadores humanistas, um filósofo, o outro teólogo e pastor, ativamente envolvido na Resistência durante a Segunda Guerra Mundial[7].

5 Seu pai, Lucien Camus, era um humilde trabalhador rural não qualificado que foi morto na Batalha do Marne em 1914, quando Albert Camus não tinha nem um ano de idade. Sua mãe, Catherine Sintès, era uma mulher analfabeta de origem espanhola que, tendo ficado viúva, "fazia trabalhos domésticos" para criar seus dois filhos em um apartamento de dois cômodos em Belcourt, um bairro operário de Argel.

6 Seu pai, Karl Bonhoeffer, era um eminente professor de psiquiatria, e sua mãe, Paula von Hase, filha de um capelão da corte do imperador e neta do famoso historiador da igreja Karl von Hase.

7 Em suas *Lettres à um ami allemand*, um ensaio sobre moralidade política publicado em 1948 (as duas primeiras cartas foram escritas clandestinamente durante a Ocupação), Camus escreveu sobre seu país: "Não, eu não o amava, se não é amar denunciar o que não está certo naquilo que amamos" (em *Essais*, II, 1e lettre, p. 221). Às teorias cínicas de seu ex-amigo alemão, que justificou a política de conquista de Hitler por qualquer meio necessário em nome do amor por seu país por uma política de "vale tudo", Camus respondeu que queria ser capaz de "amar [seu] país enquanto amava a justiça", sendo que a coragem só tem valor quando combinada com inteligência e eficácia com respeito pelo homem. "Não se é justificado [...] por qualquer tipo de amor", escreveu Camus (*Essais*, II, p. 742). Agora, Dietrich Bonhoeffer, ao contrário desse antigo amigo alemão mencionado nestas *Lettres*, de fato adotou a mesma posição ética de Camus ao escolher o lado da Resistência contra seu próprio país. Bonhoeffer, que amava seu país, confidenciou a seus amigos estrangeiros que rezava todos os dias pela derrota da Alemanha. Tanto Camus quanto Bonhoeffer, envolvidos na Resistência durante a Segunda Guerra Mundial, tinham a mesma preocupação de "amar seu país e, ao mesmo tempo, amar a justiça". Para retomar dois dos princípios definidos por Charles Larmore em *Modernité et morale* (traduzido por C. Beauvillard, Paris, P.U.F., 1993, pp. 96-97), Camus não contesta o princípio da *parcialidade* como tal: preferir, nesse caso, a Alemanha à França e a outros países no caso desse amigo alemão. Mas o que Camus rejeita absolutamente é a parcialidade como uma forma de injustiça *ilegítima*, na medida em que, nesse caso, ela viola seriamente o princípio *deontológico* kantiano de querer justiça *incon-*

Por essas razões, que estão parcialmente ligadas a esse contexto único, mostraremos como suas perguntas são surpreendentemente semelhantes, mesmo que o tratamento das perguntas e as respostas a que chegaram sejam, em última análise, diferentes devido a seus pontos de partida e à especificidade de suas abordagens filosóficas e teológicas.

Ainda temos que esclarecer uma ambiguidade com relação ao termo "humanismo" usado aqui. Ao aludir, em conexão com H. de Lubac, à expressão historicamente recente de "humanismo ateu", à qual preferimos a de "humanismo não religioso" – uma escolha à qual retornaremos para justificá-la e esclarecê-la em conexão com Camus –, isso significa que estamos descartando o significado preciso que o termo "humanismo" sozinho – ao colocar temporariamente os qualificadores "não religioso" e "cristão" entre parênteses – teve durante o "Renascimento"?[8] – Com isso, queremos dizer o movimento "humanista" que, em reação à escolástica, viu um retorno à cultura da antiguidade greco-latina e, em particular, à sua literatura (as "humanidades"), como a única maneira de restaurar e aprimorar a dignidade do espírito humano.

Certamente não, pelo menos até certo ponto, se considerarmos que, por um lado, Camus, como os "humanistas", revive a filosofia grega antiga, em reação a certos "postulados do pensamento contemporâneo[9]", quando evoca "a Grécia à qual devemos sempre retornar[10]". Isso fica particularmente evidente no final de O Homem revoltado, sobre o tema do "pensamento do meio-dia". Camus também segue a tradição dos grandes moralistas franceses, como Montaigne, Pascal e La Rochefoucauld. Entretanto, só se pode dizer que Camus é, até certo ponto, um herdeiro do humanismo francês no sentido clássico do termo se especificarmos que ele o é com uma sensibilidade radicalmente moderna.

dicionalmente em caso de guerra; uma escolha que Bonhoeffer fez ao custo de sua vida: ele foi enforcado pelos nazistas em 1945.

8 O conceito de *humanismo* propriamente dito é mais recente, surgindo apenas no século XIX. Durante a "Renascença" (outro conceito desenvolvido posteriormente), havia apenas "humanistas" (Guillaume Budé, Erasmo *et al.*).

9 Sobre o problema da natureza humana em particular, ele discordou de existencialistas como Sartre: "A análise da revolta leva pelo menos à suspeita de que existe uma natureza humana, como pensavam os gregos, e contrária aos postulados do pensamento contemporâneo" (*L'Homme révolté*, II, p. 425).

10 *Essais*, II, p. 1343.

No que diz respeito a Bonhoeffer – ele também tem uma sensibilidade moderna – se os fundamentos de seu humanismo são, acima de tudo, teológicos e, mais precisamente, cristo-lógicos, ou seja, fundamentalmente ligados à Revelação de Deus em um homem – Jesus Cristo –, "humanistas" como Montaigne11 não menos alimentam seu pensamento, como também é demonstrado pelas inúmeras referências ao Renascimento[12].

O certo é que Camus e Bonhoeffer, a partir de perspectivas diferentes, colocam no centro de suas obras um questionamento original sobre o *homem*, de seu status, e defendem inquestionavelmente uma concepção do ser humano e de sua dignidade[13], insistindo na questão dos fundamentos de seu humanismo. Para eles, o problema filosófico do fundamento – do *Grund* – é ainda mais importante porque a noção de humanismo parece evidente. Ambos rejeitam um humanismo dogmático que é suave e transparente para si mesmo, uma filantropia plana e feliz que ignora o problema do mal – em suma, um humanismo abstrato sem fundamentos ou consistência existencial que é evidente por não ser problematizado.

11 Citado por D. Bonhoeffer em *Résistance et soumission*, trad.. L. Jeanneret, Genebra, Labor et Fides, 1973, p. 365.

12 *Résistance et soumission*, *op. cit.* p. 213, 240-243, 256, 283, 357.

13 Jean Grenier afirmou que "Camus tinha [...] todo o direito de se chamar de humanista. Ele só tinha o homem em vista, só falava dele; seu horizonte era o da vida humana" (Albert Camus, *souvenirs*, Paris, Gallimard, 1968, p. 25).

I

A "FIDELIDADE À TERRA" VERSUS OS "ALÉM-MUNDOS"

Em Camus, encontramos dois temas explicitamente nietzschianos: por um lado, o da "fidelidade à terra" ensinada por Zaratustra e, por outro, a noção de "além-mundos". "Eu escolhi a justiça [...] para permanecer fiel à terra[1]", escreveu Camus em suas *Cartas a um amigo alemão*. Se esse tema, recorrente em sua obra, é nietzschiano, a escolha da "justiça", por outro lado, é camusiana. Pois o autor de *A Genealogia da Moral* jamais teria "escolhido a justiça [...] para permanecer fiel à terra". Ele teria escolhido a vida ou "a justiça da vida", sendo que a justiça, entendida como equidade, ainda é um resíduo da moralidade não natural. Ao escolher a justiça, Camus é especificamente francês, da França clássica, em sua concepção humanista e moralista.

De perspectivas diferentes, essas duas noções estão intimamente articuladas da mesma forma em Camus e Nietzsche: é sempre uma questão, precisamente contra os "além-mundos" engendrados pelo ressentimento, de uma afirmação de "fidelidade à terra" no que essa afirmação tem de origem e de não reatividade. Em outras palavras, é sempre uma questão de permanecer infalivelmente "fiel à terra" contra a invocação de "outra vida" e o recurso a "além-mundos". Para Camus, esperar por outra vida é blasfemar contra ela: "Pois se há um pecado contra a vida, talvez não seja tanto desesperar-se dela quanto esperar por outra vida e encolher-se diante de sua implacável grandeza[2]".

Em *Núpcias*, Camus tenta responder ao silêncio do céu com o chamado original da terra; ele procura afirmar, em um "sim" primordial, sua lealdade à terra, em vez de, de maneira reativa ou ressentida, seu desprezo pela vida eterna, que ele rejeita[3]: "Eu aprendo que não há

1 *Essais*, II, p. 241.

2 A. CAMUS, *Noces*, II, p. 76.

3 Talvez Camus também tenha confundido a fidelidade à terra nietzschiana com a exaltação lírica de uma natureza transfigurada pelo sol, que ele desfrutava por dias a

[...] eternidade fora da curva dos dias. Esses bens irrisórios e essenciais, essas verdades relativas, são as únicas que me comovem"[4]. Mas precisamos ter clareza sobre de quais "verdades" estamos falando e quais realidades terrenas são dignas de amor, de acordo com Camus.

Essas "verdades" são plurais, singulares, concretas e perecíveis. Elas são "*aquelas* [grifo meu] verdades relativas" comuns a todos os homens: "pedras, carne, estrelas e aquelas verdades que a mão pode tocar"[5], e de forma alguma uma verdade abstrata, "ideal", única e hipostasiada: a Verdade, como em Platão. Para Camus, essas verdades sensíveis se referem às realidades do mundo natural, uma natureza sem Deus: "Mais tarde, quando eu me jogar nos absintos para deixar seu perfume entrar em meu corpo, estarei ciente, contra todos os preconceitos, de realizar uma verdade que é a verdade do sol e também será a verdade da minha morte"[6].

Em outras palavras, Camus começa expressando sua concordância com o mundo, sua inclinação para este mundo, o único reino possível, antes de declarar sua rejeição a Deus. Mais precisamente, ele faz isso simultaneamente, pois é por lealdade a este mundo, cujo ele faz seu reino, que Camus rejeita a ideia cristã de um mundo vindouro.

Camus suspeita que o cristianismo não permaneça "fiel à terra" ao afirmar a existência de "outra vida". Para ele, o "Reino de Deus" é uma negação do mundo, um crime contra a vida oculto pela fé em uma vida

fio em praias desertas. Jean Onimus faz, com razão, a conexão entre o jovem Camus e o "Zaratustra" de Nietzsche (J. Onimus, *Camus*, Paris, Desclée De Brouwer, 1965, p. 39): "Que sua vontade diga: que o sobre-humano seja o sentido da terra! Imploro a vocês, meus irmãos, que permaneçam fiéis à Terra e não acreditem naqueles que lhes falam de esperanças supraterrestres! [...] Eles desprezam a vida; são homens moribundos, eles mesmos envenenados, dos quais a Terra está cansada. Um pouco mais adiante, lemos: "Antigamente, a blasfêmia contra Deus era a maior blasfêmia, mas Deus morreu e seus blasfemadores também morreram. Blasfemar contra a terra e dar mais valor às entranhas do impenetrável do que ao significado da terra, isso é o que agora é mais terrível" (F. NIETZSCHE, *Ainsi parlait Zarathustra*, trad.. G.-A. Goldschmidt, Paris, Librairie Générale Française, 1983, p. 8). O lirismo de *Noces* não é muito diferente do de Zaratustra, com o sopro violento que frequentemente o atravessa. Mas Zaratustra ensina a fidelidade à terra, não o esquecimento de sua condição em êxtase solitário. Ele reconheceu que "é uma alegria inebriante para o sofredor desviar os olhos de seu sofrimento e esquecer-se de si mesmo. Alegria inebriante e esquecimento de si mesmo, isso é o que o mundo já me pareceu" (*ibid.*, p. 37).

4 *Noces*, II, p. 75.

5 *Ibid.*

6 *Noces*, II, p. 58.

"diferente", uma vida "melhor". Todavia, ele escreve: "Em Tipasa, eu vejo o equivalente ao que eu acredito, e eu não persisto em negar o que minha mão pode tocar e meus lábios acariciar"[7]. "Se eu teimosamente recusar todo o 'mais tarde' do mundo, é porque não quero abrir mão de minha riqueza atual. Não gosto de acreditar que a morte se abre para outra vida. Para mim, é uma porta fechada [...]. Tudo o que me é proposto se esforça para aliviar o homem do peso de sua própria vida"[8]. Ora, mas não há esperança possível, porque não há outra realidade além do peso da vida humana. Esse é o sentido da epígrafe de Píndaro no início de *O Mito de Sísifo*: "Ó minha alma, não aspire à vida imortal, mas esgote o campo do possível"[9].

Seguindo a crítica de Nietzsche aos ídolos metafísicos e teológicos, a perspectiva de Camus, guiada pela suspeita, é, portanto, negativamente anescatológica, a-teleológica e, acima de tudo, afirmativamente *genealógica*. Para Camus, trata-se de minar todos os fundamentos de uma possível esperança, de uma crença em outra vida em que o eterno, seja neoplatônico[10] ou cristão[11], assumiria o controle do tempo, e de sempre retornar ao que está além, em uma fidelidade inabalável à terra, a fonte única, original e última, da vida contra toda esperança sobrenatural.

É preciso prestar bem atenção que, para Camus, o cristianismo é uma religião da decadência: são os derrotados da vida que inventaram a vida após a morte para compensar sua miséria, que forjaram o mito da salvação da alma porque não tinham a saúde do corpo[12], que inventaram outro mundo para poder caluniar este e manchá-lo, e que forjaram a ficção do "pecado" porque não podiam participar das alegrias terrenas da plena satisfação dos instintos[13].

7 *Noces*, II, p. 59.

8 *Noces*, II, p. 63.

9 Troisième pythique, *Le Mythe de Sisyphe*, II, p. 93.

10 "Esta união que deseja Plotino, o que há de estranho em encontrar essa união na Terra? A unidade é expressa aqui em termos de sol e mar" (*Noces*, II, p. 75).

11 O diploma de pós-graduação que Camus apresentou em 1936, intitulado *Métaphysique chrétienne et néoplatonisme*, tratava precisamente da relação entre o helenismo e o cristianismo nas obras de Plotino e Santo Agostinho.

12 Cf. *Noces*, II, p. 69: "[...] a corrida dos jovens nas praias do Mediterrâneo junta-se aos gestos magníficos dos atletas de Delos. E vivendo tão perto dos corpos e através dos corpos, percebemos que eles têm suas nuances, sua vida e, para arriscar um absurdo, uma psicologia própria."

13 "Mas hoje o tolo é rei, e eu chamo de tolo, qualquer um que tenha medo de desfrutar.

O que é importante verificar é a validade do pressuposto de Camus. Será que a afirmação, no cerne da fé cristã, de uma "vida eterna" realmente implica a desvalorização desta vida e a desconsideração dos bens terrenos, sem prejuízo dos desvios que, de fato, prevaleceram nessa área?

Dietrich Bonhoeffer ressalta que toda a Escritura e todo a Revelação ensinam a "fidelidade à terra" e levam o homem a honrar as realidades terrenas de uma forma específica, como veremos.

Para Bonhoeffer, o argumento é, antes de tudo, do *veterotestamentário*: o próprio Antigo Testamento fala de Deus, não nos "além-mundos", mas na realidade deste mundo, na "mundanidade"[14] e na "polifonia da vida". Para Bonhoeffer, falar de Deus "na mundanidade" é falar de Deus na finitude e nas paixões humanas, nos limites e na realidade das coisas, em sua existência; em outras palavras, naquilo que dá ao mundo seu ser e seu mundo remanescente, ao passo que o *a priori* metafísico e moral da religião, que Camus detecta no que é chamado de "cristianismo", exige que o mundo fale de Deus como estando fora, além de seus limites. Mas esse *a priori* metafísico e moral da religião é radicalmente estranho à fé na Revelação, conforme atestado pelas Escrituras, como Bonhoeffer nos lembra. No Antigo Testamento, "o além" e a vitória sobre a morte são sempre experimentados "no além" (*diesseits*) e remetem o homem à sua finitude na história. Bonhoeffer toma emprestado esse termo alemão (*diesseits*) precisamente de Nietzsche[15] em sua crítica aos "mundos posteriores", que Camus, como ateu, e Bonhoeffer, como cristão, adotam de maneiras diferentes.

Como Bonhoeffer ressalta, em termos de Revelação bíblica, Deus não deve ser encontrado ao lado de "além-mundos", mas ao lado da realidade,

Ouvimos falar muito sobre o orgulho: vocês sabem, é o pecado de Satanás. Cuidado, gritaram eles, vocês perderão a si mesmos e as suas forças vivas" (*ibid.*).

14 D. BONHOEFFER, *Résistance et soumission* (*Widerstand und Ergebung*), 1951, Genebra, Labor et Fides, 1973, p. 295. Em vez de traduzir *weltlich* como "secularmente", como faz Lore Jeanneret, preferimos traduzir *weltlich* como "*na mundanidade*", especialmente se considerarmos que *weltlich* inclui *Welt*, ou seja, "mundo". Agora, ao cunhar esse neologismo, queremos evitar um erro de interpretação: para Bonhoeffer, não se trata de falar de Deus modelando-se no mundo, mas de falar de Deus na realidade deste mundo, no mundo aqui embaixo.

15 "Deus, a fórmula de toda injúria do 'aquém', de toda mentira do 'além'" (F. NIETZSCHE, *L'Antéchrist*, apresentação e tradução de Éric Blondel, Paris, GF Flammarion, nº 753, 2ª edição corrigida, 1996, § 18, p. 62).

na medida em que Ele é o centro e o fundamento absoluto para o cristão: "Quem foge do mundo – escreve Bonhoeffer – não encontra Deus, mas outro mundo, a saber, seu próprio mundo, melhor, mais bonito, mais pacífico, um *além-mundo* [ênfase minha]. Aquele que foge da terra para encontrar Deus encontrará apenas a si mesmo"[16]. "A terra continua sendo nossa mãe, assim como Deus continua sendo nosso Pai, e somente aquele que permanecer fiel à sua mãe será devolvido aos braços do Pai"[17]. Foi nesse sentido que Bonhoeffer escreveu na prisão em uma carta para sua noiva: "Nosso casamento será um sim à terra de Deus"[18].

Esse "sim", além de evocar para Bonhoeffer o Antigo Testamento e o "profundo sim pronunciado por Deus ao mundo"[19], pressupõe o "sim" original de Nietzsche e o "sim" de Camus à terra em *Núpcias*; mas na medida em que é trazido aqui pelo "sim" de Deus ao mundo do qual Ele é o Criador e Doador, e não ao mundo do avesso ou ao ídolo. Em outras palavras, a crítica aos "além-mundos" que Camus, seguindo Nietzsche, dirige ao "cristianismo" é, na verdade, um mal-entendido de um certo "cristianismo". Nesse caso, ela não diz respeito à Revelação como tal, que não apenas ensina a fidelidade à terra, mas fala de Deus, não nos "além-mundos", mas na realidade deste mundo, do qual Deus é o centro e o fundamento absoluto, embora esteja além dele[20].

Mas, para Bonhoeffer, o argumento não é apenas do Antigo Testamento, é também *cristológico* e *neotestamentário*. Assim, Bonhoeffer ressalta que, em *Cristo*, a "última" e eterna realidade, que é Deus, sempre remete o homem às "últimas" realidades, ou seja, às realidades do mundo, e aqui novamente leva o homem a honrá-las de uma maneira específica.

16 Conferência *Que ton règne vienne!* em *Textes choisis*, Le Centurion e Labor et Fides, 1970, pp. 81-90. Bonhoeffer era particularmente sensível à crítica de Nietzsche sobre os "além-mundos".

17 *Gesammelte Schriften III*, Munique, 1960, p. 57.

18 Citado por A. DUMAS, *Une Théologie de la réalité : Dietrich Bonhoeffer*, Genève, Labor et Fides, 1968, p. 312.

19 Extrato de uma palestra dada por Bonhoeffer em 1932, citado por R. MARLÉ em: *Christus*, vol. 11, no. 41, janeiro de 1964, p. 142. Observe que esse tema também é o fundamento da doutrina da criação de Karl Barth e permeia toda a sua obra.

20 "Deus está no centro de nossa vida, embora esteja além dela" (*Resistance and submission*, pp. 290-291).

Por "últimas realidades"[21] (*Letztes*) – ou seja, o "Ser" na linguagem de Camus[22] – Bonhoeffer quer dizer mais precisamente o evento da Revelação em Cristo, e por "penúltimas realidades" (*Vorletztes*), o mundo em que vivemos – ou seja, "vida", "seres", para usar novamente a terminologia de Camus.

Agora, precisamente do ponto de vista da Revelação, Cristo, que é a realidade suprema, a Palavra suprema que nunca passará e que coloca seu selo em todas as coisas, não apenas permite que o que é "penúltimo", ou seja, as realidades humanas comuns e banais da existência, se apresente, mas sempre nos remete a elas. Para ele, a fé nos remete a este mundo, às nossas tarefas humanas, e não aos problemas religiosos: "Nosso olhar está voltado para as últimas realidades, mas ainda temos nossas tarefas [*Aufgaben*], nossas alegrias e nossos sofrimentos nesta terra [...]"[23].

> É somente amando a vida e a terra o suficiente para que tudo pareça terminado quando elas se perdem que temos o direito de acreditar na ressurreição dos mortos e em um novo mundo [...]. Qualquer pessoa que queira ir direto para o Novo Testamento não é cristã, em minha opinião. Você sabe que já conversamos sobre isso muitas vezes, e cada dia me confirma que isso está certo. A última palavra não deve preceder a penúltima palavra. Vivemos nas penúltimas realidades e esperamos com fé pelas últimas[24].

Bonhoeffer usa aqui um argumento do tipo *a fortiori* [25] – "É somente em... [*Nur wenn...*]" – para significar que a santidade de Cristo não esmaga

21 *Resistance and Submission*, p. 166, 260 e segs., 289. Em sua carta de 5 de dezembro de 1943 (p. 166), Bonhoeffer se refere ao primeiro capítulo de *Prix de la grâce*. Mas a relação entre o último e o penúltimo é explicada acima de tudo nos rascunhos da Éthique.

22 Camus escreve em seus *Carnets*: "*Não me recuso* [ênfase adicionada] a ir em direção ao Ser. *Mas não quero* [e também enfatizo] um caminho que leve para longe dos seres". Seu agnosticismo é, portanto, condicional. Se "ir em direção ao Ser" implica excluir a mediação dos "Seres", então Camus é um ateu.

23 *Résistance et soumission*, p.260.

24 *Résistance et soumission*, p. 166.

25 Esse é um tipo de argumento que Paulo usa com frequência. Veja em particular 2 Cor.3:7-11.

o que foi feito antes, mas assume e coroa infinitamente o que já era "bom"[26] e sobre o qual ele constrói, superando-o, revelando assim o "preço" do novo. Para Bonhoeffer, e de modo mais amplo para a teologia cristã, o que é último e absoluto na Revelação de Deus, precisamente no *homem Jesus*, não abole nem a realidade nem o valor, único, do que é "penúltimo", terreno, provisório ou mesmo "relativo", para usar a terminologia de Camus[27], mas, ao contrário, eleva-o e "salva-o" para dar-lhe seu valor total de acordo com um aumento gratuito no preço. Em outras palavras, a relação último/próximo ao último corresponde a uma estrutura constitutiva da fé cristã, uma estrutura dada no *modo* da Revelação escatológica de Deus *no* e *por* meio de um homem, sujeito ao tempo e à morte. É nesse sentido que o teólogo luterano alemão Eberhard Jüngel, em *Deus, Mistério do Mundo*[28], estimulado por sua leitura de Hegel e Heidegger, e levando *até o fim* as consequências teológicas da Revelação de Deus na "pobreza do homem Jesus" – e não as consequências ontoteológicas e metafísicas que opõem o Absoluto ao que é "passageiro", temporário, mortal – aponta precisamente para o fato de que "no homem crucificado Jesus", Deus, o Absoluto, chegou ao ponto de "unir-se" e "identificar-se" com "aquilo que passa" (*Vergänglichkeit*).

Assim, longe de desviar o homem das tarefas da vida presente, como pensa Camus, ou de constituir uma ameaça ao que é relativo e provisório, a Revelação cristã, ao contrário, sempre retorna o homem a esta vida. De fato, está no cerne da escatologia cristã a afirmação de que o "ainda não" está "já lá" em germe. Ora, se essa vida já é portadora em si mesma de uma vida maior, em outras palavras, se ela está aberta a um "ainda não", ela já tem valor em si mesma no presente e é importante, pois é o próprio lugar onde surge uma vida que *não é radicalmente diferente desta*, mas *bem maior*. Isso é o que Eberhard Jüngel viu claramente quando enfatizou

26 Gn 1: Durante o semestre de inverno de 1932/1933, Bonhoeffer lecionou como professor particular na Universidade de Berlim sobre o tema da criação. Cf. sua palestra: *Criéation et chute* (*Schöpfung und Fall*), uma interpretação teológica de Gn 1-3. Cf. também H. MOTTU, "*Le cours de D. Bonhoeffer: Création et chute*" em: RSR, t. 83, nº. 4 (1995), p. 621-637.

27 "Esses bens insignificantes e essenciais, essas verdades relativas, são as únicas coisas que me movem" (*Noces*, II, p. 75).

28 E. JÜNGEL, *Dieu mystère du monde* (tomo I, capítulo II, seção 6), trand.. fr. Sob a direção de H. Hombourg, Paris, Éditions du Cerf, 1983, p. 286-311.

que "o *afastamento* do reino escatológico de Deus, *por maior que seja ele*, é superado por uma *proximidade cada vez maior*[29]". Nesse sentido, e se levarmos Camus à risca, ele tem razão quando escreve em *Núpcias*, sobre os franciscanos do convento de San Francesco em Fiesole, que "se eles se despojam, é por uma vida maior, e *não por outra vida* [grifo meu]"[30].

Isso deixa claro que, de uma perspectiva cristã, essa vida não pode ser desprezada ou evitada, pois isso seria um sério mal-entendido da Revelação e de uma teologia cristã da criação[31].

Podemos ver que, embora a crítica de Camus diga respeito ao modo como um certo "cristianismo" foi compreendido, vivido e deturpado, ela não diz respeito à Revelação cristã como tal, que a julga. Foi o teólogo luterano Paul Tillich que nos lembrou que o ápice da Revelação, a saber, a Redenção, "não vem de uma nova religião que seria a religião cristã, mas de um evento na história que julga [...] a própria religião cristã"[32].

Para concluir este primeiro capítulo, dando continuidade às reflexões sobre as "últimas e penúltimas realidades", e para expressar que o amor a Deus e sua eternidade não deve enfraquecer nosso amor à terra, Bonhoeffer usa a metáfora coral do *cantus firmus*, a voz principal na polifonia:

29 E. JÜNGEL, *Dieu mystère du monde*, tomo II da tradução francesa, Paris, Éditions du Cerf, 1983, p. 114. Os itálicos são do tradutor.

30 *Noces*, II, p. 84.

31 Na teologia, assim como Nietzsche e Camus na filosofia, Bonhoeffer tem um senso das raízes carnais da existência e desconfia da ilusão idealista. Em uma carta de junho de 1944, em sua cela de prisão, ele canta sobre a força e o poder do sol mediterrâneo, como o jovem Camus em *Núpcias*: "E, no entanto, veja bem, eu gostaria de senti-lo [o sol] mais uma vez em toda a sua força, quando ele queima sua pele e gradualmente o incendeia, fazendo-o perceber que você é um ser corpóreo. Gostaria de me cansar com ele, e não com livros e pensamentos; gostaria que ele despertasse minha existência animal; não me refiro a uma sensualidade que rebaixe, mas àquela que liberta da inautenticidade e do mau cheiro de uma existência puramente livresca, e que purifica e realiza o homem. Eu gostaria não apenas de ver o sol e ser apenas tocado por ele, mas de experimentá-lo em meu corpo. A adoração romântica, que se exalta no nascer e no pôr do sol, não concebe o sol em seu poder e realidade, mas apenas como um símbolo. Ela não entende por que o deus-sol era adorado, porque para isso era preciso experimentar não apenas a luz e as cores, mas também o calor. Os países quentes, desde o Mediterrâneo até as Índias e até a América Central, eram os do gênio criativo" (D. BONHOEFFER, *Résistance et soumission*, Genebra, Labor et Fides, 1973, p. 350-351).

32 P. TILLICH, *Le christianisme et les religions*, Paris, Aubier-Montaigne, 1968, p. 100.

> Todo grande amor traz consigo o perigo de nos fazer perder de vista o que eu gostaria de chamar de polifonia da vida. Deixem--me explicar: Deus e sua eternidade desejam ser amados por nós plenamente; mas esse amor não deve prejudicar nem enfraquecer um amor terreno; ele deve ser, por assim dizer, o *cantus firmus* em torno do qual cantam as outras vozes da vida; o amor terreno é um desses temas contrapontísticos que, embora tenham sua total independência, ainda assim se relacionam com o *cantus firmus* [...]. Quando o cantus firmus é claro e distinto, o contraponto pode florescer da forma mais poderosa possível. Os dois são inseparáveis e, ainda assim, distintos, para usar a linguagem de Calcedônia, como as naturezas humana e divina de Cristo. Talvez a polifonia na música esteja tão próxima de nós e seja tão importante para nós porque é a imagem musical desse fato cristológico e, portanto, também de nossa *vita christiana*?[33]

É com um argumento explicitamente cristológico que Bonhoeffer justifica o direito e o dever de seu amigo Bethge de não sufocar o "contraponto", a canção original e alegre da vida humana no coração de uma experiência cristã, contra o perigo de pensar que o absoluto de Deus implica a morte das realidades deste mundo, em particular, do amor humano[34]. Vejamos o argumento de Calcedônia, que intervém explicitamente. O Concílio de Calcedônia, em 451, definiu que, na Pessoa única do Filho, a humanidade é assumida, não absorvida ou esmagada pela divindade. Cristo é, portanto, sem separação ou confusão, verdadeiro Deus e verdadeiro homem, absolutamente homem porque absolutamente Deus. Em outras palavras, como as "últimas e penúltimas realidades", o *cantus firmus* e o

33 *Résistance et soumission*, p. 313.

34 "Para ser franco, o fato de um homem sentir nos braços de sua esposa um anseio pela vida futura é de mau gosto, para dizer o mínimo, e certamente não é a vontade de Deus. Devemos encontrar Deus e amá-lo por meio do que ele nos dá no presente. Se for do agrado de Deus nos encher de uma felicidade terrena avassaladora, não sejamos mais piedosos do que ele e não estraguemos essa felicidade com pensamentos presunçosos ou provocativos e uma imaginação religiosa hiperativa, incapaz de se contentar com o que ele nos dá. Deus fará com que aqueles que o encontrarem em sua felicidade terrena e lhe derem graças não faltem horas para lembrá-los de que tudo o que é terreno é temporário, e que é bom acostumar seus corações à eternidade" (*Résistance et soumission*, p. 178).

contraponto devem sempre ser distinguidos ao mesmo tempo em que se referem um ao outro. Bonhoeffer, que lecionou Cristologia na Universidade em 1933, escreveu sobre o Concílio de Calcedônia. Ele mostrou que a formulação dogmática desse Concílio não deve ser escolhida a dedo, mas deve ser vista como uma abertura para o mistério concreto do "Único"[35]. Para Bonhoeffer, a vida e a teologia cristãs não podem se fechar na única realidade que é Cristo. O Verbo ilumina *todo homem* e *toda* coisa. Portanto, precisamos ver a luz cristológica brilhando em outras áreas além da cristologia. Se Deus reconciliou o céu e a terra em Jesus Cristo, então nem o dualismo nem o monismo seriam apropriados para o pensamento cristão, mas sim a polifonia.

Assim, como acabamos de ver com Bonhoeffer, é toda a Escritura e a própria estrutura da Revelação judaico-cristã que atestam fundamentalmente essa relação último/penúltimo e que ensinam, de maneira específica, a "fidelidade à terra" contra os "além-mundos", levando o homem a assumir o controle das realidades terrenas e a honrá-las plenamente sem, no entanto, absolutizá-las ou transformá-las em ídolos.

35 "Desde Calcedônia, o teólogo que pratica a cristologia teve de permanecer dentro da tensão conceitual dessa fórmula negativa e mantê-la" (*Gesammelte Schriften III, Christologie*, Munique, 1960, p. 218). A noção de tensão conceitual (*innerhalb der begrifflichen Spannung*) é essencial

II

O "A PRIORI" RELIGIOSO

De fato, devemos perceber que a crítica de Camus ao cristianismo é, como já vimos na questão dos "além-mundos", sustentada por um "a priori religioso"[1] que é difundido por causa dos desvios de um certo "cristianismo", mas que é radicalmente estranho à fé cristã como tal. Ora, como teólogo protestante, no entanto, Bonhoeffer se propôs precisamente a desafiar, sob o olhar da Revelação bíblica, esse a priori religioso, que se baseia especialmente em uma concepção metafísica da religião.

De fato,para Bonhoeffer – assim como para Camus, que não faz distinção entre fé e "religião"[2], entre fé cristã e "cristianismo", mas as identifica – a religião[3] se baseia no pressuposto metafísico de um mundo além dos limites e da contingência, a fim de escapar da realidade deste mundo. A partir dessa perspectiva, o homem busca compensação para sua fraqueza no poder de um todo-outro. Bonhoeffer usa repetidamente as expressões "deus ex machina" ou "Deus como um paliativo"[4] para designar um "Deus" que está lá para responder a perguntas sem resposta, para dar sentido ao absurdo.

1 D. BONHOEFFER, *Résistance et soumission*, *op. cit.*, p. 288.

2 Bonhoeffer deve essa distinção ao teólogo reformado Karl Barth. No que diz respeito à religião, tanto Bonhoeffer quanto Barth dependem de uma abordagem protestante. Para Barth, a religião é radicalmente oposta à fé na Revelação. De fato, o próprio movimento da Revelação de Deus no Homem Jesus, rebaixado e glorificado, que irrompe pela graça no mundo pecaminoso vindo ao homem, é o oposto do Deus das religiões, que representa o esforço do homem para ascender a Deus e ganhar seu céu. Por ser uma obra humana e representar a tentativa do homem de colocar as mãos em Deus, a religião só pode ser idólatra e pecaminosa. Barth, portanto, opõe a fé à religião, assim como opõe o Espírito (*Pneuma*) à carne (*sarx*) (K. BARTH, *Dogmatique*, 1º vol.,tomo II, cap. II, cap. II, 3ª seção, § 17, traduzido para o francês, Genebra, Labor et Fides, 1954, p. 71 e seguintes). Para Barth, assim como para Bonhoeffer, a Revelação divina não é uma religião.

3 Cf. *Resistance and Religion: Submission*, carta de 5 de maio de 1944, p. 294-295

4 *Résistance et soumission*, p. 290, 322, 352, 367.

É essa concepção "religiosa" de Deus que Camus rejeita em nome de seu humanismo – que descrevemos como precisamente não religioso – e que Bonhoeffer, como cristão, rejeita à luz da própria Revelação.

III

CRÍTICA À TRANSFORMAÇÃO DO ABSURDO "EM UM TRAMPOLIM PARA A ETERNIDADE"

O projeto humanista, ateu e prometeico de Camus é devolver o homem a si mesmo, libertando-o da esperança e do consolo de "uma outra vida", que o impedem de reconhecer lucidamente o absurdo em toda a sua imensidão como o horizonte insuperável de sua condição, e, em última instância, de se rebelar contra o absurdo de sua condição, a saber, o mal e a absoluta falta de sentido da vida, enquanto ele não acreditar em um "sentido superior" que transcenda o homem; em outras palavras, assim que postulamos a ausência de qualquer significado *a priori* da existência que justificaria o mal, transformamos o absurdo "em um trampolim para a eternidade"[1] e, ao mesmo tempo, privamos o homem da revolta da qual ele é capaz contra o absurdo de sua condição, uma revolta que é a própria essência de sua dignidade.

É por isso que, em *O mito de Sísifo*, Camus se esforça para rejeitar atitudes de fuga, como a crença religiosa, e em particular para criticar doutrinas que situam fora deste mundo as razões e esperanças que dariam sentido à vida. Aqui Camus discorda dos existencialistas cristãos (Jaspers, Chestov, Kierkegaard) que, *em sua opinião*, divinizam o irracional de várias maneiras ou, fazendo do absurdo o critério do outro mundo, transformam-no em um "trampolim para a eternidade"[2].

Partindo do princípio de que esses autores são bem conhecidos, Camus não gasta muito tempo definindo seu pensamento por si só. Tentaremos aqui ser fiéis, não aos autores citados, mas à interpretação amplamente imprecisa que Camus faz deles, baseada especialmente no Kierkegaard de Chestov.

1 *Le mythe de Sisyphe*, II, p. 124.

2 *Le mythe de Sisyphe*, II, p. 124.

Antes de mais nada, Camus observa que esses pensadores têm em comum o fato de terem "reconhecido, com base em uma crítica do racionalismo, o clima absurdo"[3]. Todos esses pensamentos esboçam os contornos sombrios de um mundo desprovido de significado, onde o homem não tem justificativa, onde tudo para ele não passa de angústia, antinomia e impotência[4]. No entanto, Camus afirma que "todos eles, sem exceção, propõem uma fuga[5]" e acabam, por meios indiretos, traindo seu ponto de partida para se reconciliarem com o absurdo.

Assim, de acordo com Camus, K. Jaspers toma como ponto de partida o "fracasso" do homem "impotente para realizar o transcendente e incapaz de explorar as profundezas da experiência"[6], para chegar a afirmar, por meio de seu próprio fracasso, o "transcendente, o ser da experiência e o significado supra-humano da vida"[7]. Em outras palavras, ele tende a extrair do "fracasso" humano a necessidade de transcendência, de modo que "o absurdo se torna Deus"[8].

Ainda de acordo com Camus, Kierkegaard encontrou nas profundezas do desespero a possibilidade de reconciliação com o mundo e com Deus, e por isso sacrificou a razão e a revolta. "Em seu fracasso [...] o crente encontra seu triunfo"[9], afirma ele, defendendo um "salto para Deus".

Por fim, Chestov se junta a Kierkegaard para se abismar em Deus, que abole as "categorias racionais"[10].

Todos eles, de acordo com Camus, concentram suas reflexões em uma certa impotência da razão, para melhor mostrar a necessidade de um tipo de conversão da mesma.

Para ele, essa conversão é um "suicídio filosófico", um fideísmo, um "ato cego de confiança"[11] em um além da razão que ele se recusa a contemplar.

3 Cf. *Le mythe de Sisyphe*, II, p.122.

4 *Le mythe de Sisyphe*, II, p. 114.

5 *Le mythe de Sisyphe*, II, p. 122.

6 *Ibid.*

7 *Ibid.*

8 *Ibid.*

9 *Le mythe de Sisyphe*, II, p. 126.

10 *Le mythe de Sisyphe*, II, p. 123.

11 *Le mythe de Sisyphe*, II, p. 122.

Ele observa que "a antinomia e o paradoxo se tornam critérios religiosos"[12], critérios de uma lógica ilógica, a de Deus. Todos esses pensadores pediriam ao homem que abandonasse sua razão, como um ato de fé[13].

Para Camus, o "salto existencial" é infundado, pois pressupõe que o absurdo é divino, pois está além da compreensão humana. Camus não vê nenhuma "certeza lógica" ou "probabilidade experimental"[14] nisso. Ele quer se ater apenas ao que sabe, sendo incapaz de "basear qualquer coisa no incompreensível"[15]. O argumento é tanto cético (não posso experimentar isso além da razão) quanto ateísta (não quero um "significado fora da minha condição"[16]). O significado mais elevado do mundo, portanto, não é possível nem desejável, e alcançá-lo é forçar a lógica do absurdo. Em suma, "o absurdo não leva a Deus"[17].

No entanto, ainda temos que verificar se a fé cristã, como pensa Camus, reconhece um absurdo "penúltimo" para transformá-lo "em um trampolim para a eternidade" e apelar melhor a Deus como um deus *ex machina*.

Em uma perspectiva cristã em que o absurdo como uma realidade "última" e insuperável certamente não tem lugar, Dietrich Bonhoeffer, no entanto, recusa-se a aceitar que o homem seja forçado a invocar Deus apenas no fracasso, na fraqueza e no sofrimento, em um absurdo – mesmo que seja "penúltimo" – e transformá-lo "em um trampolim para a eternidade". Ele escreveu na prisão: "Eu gostaria de falar de Deus, não nos limites, mas no centro, não na fraqueza, mas na força, não na morte e na culpa, mas na vida e na bondade do homem. Perto dos limites, parece-me preferível ficar em silêncio e deixar sem solução o que não tem solução [...]"[18].

Para Bonhoeffer, é tanto um rebaixamento do homem quanto do próprio Deus fazer do fracasso ou do absurdo o único lugar onde Deus e o homem podem se encontrar. Desse ponto de vista, Deus se torna um "deus tapa-buraco" para a ignorância, um *deus ex machina* para o consolo

12 *Le mythe de Sisyphe*, II, p. 125.

13 Camus não especifica, entretanto, que para Kierkegaard a própria encarnação de Deus, seu sofrimento e morte, já significam que Deus rompeu com a lógica do homem (cf. *Traité du désespoir*, *op. cit.*, p. 174).

14 *Le mythe de Sisyphe*, II, p. 127.

15 *Ibid.*

16 *Le mythe de Sisyphe*, II, p. 136.

17 *Le mythe de Sisyphe*, II, p. 128.

18 D. BONHOEFFER, *Résistance et soumission*, *op. cit.*, p. 290.

e, potencialmente, um ídolo, ou seja, um deus que o homem pode inventar para si mesmo quando precisa de um, e a quem ele se coloca a reboque, sem nem mesmo perceber sua autoalienação.

É compreensível que, em reação a essa apologética, Camus queira devolver o homem a si mesmo, libertando-o, de uma vez por todas, do consolo e da esperança em um tal "Deus" que o homem é tentado a inventar para si mesmo a fim de esconder de si mesmo a dura, mas insuperável realidade do absurdo de sua condição.

Ora, Bonhoeffer, como teólogo cristão, e Camus, como pensador ateu, recusam-se ambos a endossar, na tradição de Nietzsche, uma lógica de fraqueza e consolo religioso que, no caso específico de "Deus", apela a Ele como uma máscara para nossa condição, que, no caso específico de "Deus", apela a Ele como uma máscara para nossos medos, como um álibi para justificar nossa incapacidade de viver, nossa impotência ou nossa recusa em aceitar a realidade e o absurdo, ou que, como último recurso, apela a um "Deus" do qual não "precisamos" quando tudo está indo bem.

Bonhoeffer tampouco endossa o que Nietzsche, e Camus em seu rastro, prontamente chamariam de apologética do "ressentimento", forjada por "intelectuais" e "degenerados", que semeariam as sementes da morte e do desespero na realidade ao tentar "contrabandear Deus para dentro", ou seja, ao tirar proveito da fraqueza humana para inoculá-la com "Deus", ou ao tentar "provar a este mundo, que atingiu a maioridade, que não pode viver sem o Deus guardião"[19].

Bonhoeffer pensa em Deus em termos de positividade, não em termos de negatividade ou limites, mas no centro da realidade, na medida em que Ele é seu Criador. Bonhoeffer não acredita que o homem deva primeiro ser degradado para ser colocado face a face com Deus, assim como não aceita que Deus seja ainda mais honrado quando o homem é diminuído ou desprezado. Ele escreveu em sua carta de 8 de julho de 1944:

> Eu gostaria de chegar a uma situação em que Deus não seja introduzido clandestinamente por algum meio habilmente oculto, mas em que a natureza adulta do mundo e do homem seja simplesmente reconhecida; em que o homem não seja "esmagado" em sua existência temporal, mas seja confrontado com Deus em sua

19 *Résistance et soumission*, p. 336.

> posição mais forte; em que todos os "truques" do pároco sejam renunciados e a psiquiatria e a filosofia da existência não sejam vistas como um passo em direção a Deus[20]

Bonhoeffer se recusou a permitir que o cristianismo fosse reduzido a uma religião para os doentes, para aqueles que não podiam mais viver. Ao devolver Deus a si mesmo, Bonhoeffer também devolve o homem a si mesmo e à sua autonomia. Pelo fato de Deus não ser um "paliativo", mas por ser o centro absoluto da realidade e da vida humana na medida em que é seu Criador, o ser humano adulto é, ao mesmo tempo, livre para amar a Deus por nada, gratuitamente, no centro da vida, ou para recusá-lo.

20 *Résistance et soumission*, p. 357. Nós propomos para essa citação, uma tradução sensivelmente diferente daquela de Lore Jeanneret.

IV

O PROBLEMA DO MAL E A QUESTÃO DA ONIPOTÊNCIA DIVINA

A concepção de Deus que Camus rejeita explicitamente em várias ocasiões é o de um Deus todo-poderoso que – se ele existe – é parcialmente responsável pela existência do mal, sendo o Criador. Camus coloca o problema nos seguintes termos: "Alguém [...] se oporá ao mal e ao paradoxo de um Deus todo-poderoso e mau, ou de um Deus benéfico e estéril"[1]. A declaração mais explícita é encontrada em *O Mito de Sísifo*: "Ou não somos livres, e o Deus todo-poderoso é responsável pelo mal. Ou somos livres e responsáveis, mas Deus não é todo-poderoso"[2]. E Camus acrescentou que "todas as sutilezas das escolas não aumentaram nem diminuíram a nitidez desse paradoxo"[3].

Em sua opinião, o revoltado metafísico, como o herói dostoievskiano Ivan Karamazov[4], assume a primeira parte da afirmação: ele considera Deus responsável pelo mal que reina em sua criação. Se, apesar de sua onipotência, ele permite que o mal exista, é porque o mal é "necessário à criação divina"[5]. Isso lhe parece inaceitável, mesmo em nome de um mistério de amor divino que o homem não consegue compreender: "Minha indignação persistiria mesmo se eu estivesse errado", grita Ivan Karamazov[6]. Ivan também rejeita a estranha ligação que um certo "cristianismo" estabelece entre sofrimento e justificação, martírio e salvação[7]. Se o sofrimento de uma pessoa justa, de um inocente ou de uma criança é o preço

1 *L'Homme révolté*, II, p. 690.

2 *Le Mythe de Sisyphe*, II, p. 140.

3 *Ibid.*

4 *L'Homme révolté*, II, p. 465-471.

5 *L'Homme révolté*, II, p. 465.

6 *L'Homme révolté*, II, p. 466.

7 Lembremos: "O próprio Cristo morreu pelos pecados de *uma vez por todas* [grifo nosso], ele que era justo pelos injustos [...]" (1 Pe 3:18).

que temos de pagar para que a criação permaneça, se temos de renunciar à nossa indignação para alcançar a salvação, Ivan prefere condenar essa criação, rejeitar essa odiosa barganha e, portanto, recusar a salvação sem temer. Além disso, o que fazer com uma salvação que não é compartilhada por todo o mundo? Se meu irmão não for salvo, o que me importa em sê-lo? Não, a graça de Deus é um preço caro demais para pagar: Ivan só a aceitaria incondicional e totalmente. Solidário com os condenados e os torturados, Ivan seria o rebelde metafísico por excelência, o vencedor moral de Deus, se sua revolta pudesse ser sustentada nas alturas da exigência nobre e desesperada da qual ele julga Deus. Mas Dostoiévski, de quem ele é um avatar, opta por afundá-lo na loucura. Levado por seu impulso blasfemo, ele não diz mais ao Deus maligno: "Você não merece existir", mas "Você não existe"[8], o que deixa o trono de Deus vago. É em virtude de sua inocência ultrajada que Ivan anuncia a morte de Deus. Para justificar tal ato, ele deve, como o Insensato na parábola de Nietzsche, "tornar [a si mesmo] deus [...] para parecer digno [...] dessa ação"[9].

O que significa tornar-se Deus para um revoltado metafísico? Significa reconhecer que "tudo é permitido" e rejeitar qualquer lei que não seja a sua própria[10]. De acordo com Camus, esse crime realmente marca o início da "história do niilismo contemporâneo"[11]. Assim, o assassinato é legitimado, um símbolo da liberdade absoluta que somente Deus poderia reivindicar. Ivan não tem escolha a não ser permitir o assassinato de seu odioso pai, Fedor Karamazov (que representa um deus-pai malvado). Ele tem de ser lógico consigo mesmo e viver até o fim sua nova e terrível liberdade, que é fundar o reino da justiça sobre as ruínas do reino da graça. A qualquer custo, por todos meios.

É claro que Camus pode ser criticado por fazer de um personagem literário o porta-estandarte da "revolta metafísica", mas é preciso dizer que Ivan encarna as ilusões de seu tempo: ele abre caminho para os "Grandes Inquisidores" das revoluções totalitárias[12]. Aquele que Ivan evoca em

8 Cf. *L'Homme révolté*, II, p. 520.

9 F. Nietzsche, *Le Gai savoir*, *op. cit.* p. 149-150.

10 Cf. *L'Homme révolté*, II, p. 468.

11 *L'Homme révolté*, II, p. 407.

12 Camus diz sobre Dostoiévski que ele é "o escritor que, muito antes de Nietzsche, foi capaz de discernir o niilismo contemporâneo, defini-lo, prever suas consequências monstruosas e tentar apontar o caminho da salvação".("Pour Dostoïevski", *Théâtre*,

seu poema[13] está tentando tornar a humanidade feliz sem Deus e, metodicamente, chegando ao ponto de privar as pessoas de sua liberdade para poder dar-lhes pão (o que é preferível) se a razão (de Estado) assim o exigir. Porque, de agora em diante, a razão, e mais particularmente a filosofia, quando empurra Deus para trás, precipita o homem na história, marcha em direção à realização, fornece suas armas em excesso, tornando possível cometer "crimes lógicos" da maneira mais fria possível. A liberdade absoluta, a liberdade de matar, tornou-se, em nome da revolução, um dever absoluto, "um ascetismo coletivo"[14]. A revolta não existe mais, traída como está pelo rebelde metafísico.

Aparentemente, o rebelde metafísico alcançou o impossível. Ele passou da primeira para a segunda proposição da declaração: agora ele é o autor e responsável por um mal que está além dele, injusto e assassino como o deus que ele expulsou. Ele substituiu a graça pela injustiça. Deus não é mais todo-poderoso, uma vez que, no final de sua cruzada metafísica, o homem rebelde o arrastou "para a mesma aventura humilhada do homem, seu vão poder equivalente à nossa vã condição"[15]. A inocência da origem da revolta está perdida: a culpa total do homem na história se junta à de Deus na criação.

Em virtude dos critérios de definição estabelecidos por Paul Ricœur em um artigo que ele dedicou ao mal[16], para que se possa falar de uma teodiceia, deve haver um desejo "apologético" de reconciliar a existência do mal com a onipotência e a bondade de Deus, e uma tentativa de "satisfazer a lógica da não-contradição e da totalização sistemática"[17]. Obviamente, está fora de questão, na perspectiva ateísta de Camus, de fazer apologética! Tampouco parece haver qualquer desejo de não-contradição, uma vez que, longe de esboçar os contornos de uma síntese que seja satisfatória para a mente, Camus afirma ambas as proposições irreconciliáveis: nem o homem nem Deus – se é que ele existe – são inocentes do mal, mas ao mal *sofrido*

Récits, Nouvelles, I, p. 1888).

13 F. Dostoyevsky, *Les Frères Karamazov*, trad. E. Guertik, Paris, Librairie Générale Française, 1972, pp. 313-336.

14 *L'Homme révolté*, II, p. 511.

15 *L'Homme révolté*, II, p. 436.

16 P. Ricoeur, "*Le mal, um défi à la philosophie et à la théologie*" in Lectures 3, Paris, Éd. Du Seuil, 1994, p. 211-233.

17 *Ibid.*

pelo homem é adicionado o peso do *mal cometido*.[18] A inocência original do homem coexiste com sua nova culpa. Camus é particularmente claro nesse ponto: "Há um mal, sem dúvida, que os homens acumulam em seu desejo louco de unidade. Mas outro mal está na raiz desse movimento desordenado"[19]. O mal humano e o destino" estão ligados: o primeiro apenas responde ao segundo. O cristianismo, de acordo com Camus, é desesperador, pois afirma que "a cura do mal"[20] só é possível fora da história, que, no entanto, é o local da culpa do homem. Ele exige fé, que o sofrimento torna impossível. "O cristianismo histórico", afirma Camus, "respondeu a esse protesto contra o mal apenas anunciando o reino e, depois, a vida eterna, que exige fé. *Mas o sofrimento desgasta a esperança e a fé*".

O problema, então, para Camus, que pretende estender essa "ateodiceia"[21] (ou teodiceia ateísta), é ser capaz de levar em conta tanto a responsabilidade final de Deus pelo mal (que ele não deseja questionar, já que ele parece assegurá-la) quanto a responsabilidade relativa do homem. Pois, embora sua revolta metafísica (inscrita na história) não possa ocorrer sem violência, ele deve, no entanto, prestar contas dela perante a humanidade. Em outras palavras, em oposição à culpa definitiva dos "Grandes Inquisidores", precisamos definir a "culpa calculada"[22] que será suportável para o homem em revolta.

O que é importante verificar é se a onipotência de Deus revelada em Jesus Cristo é da ordem que Camus formula aqui. É verdade que a fé cristã confessada no *Credo* menciona primeiramente "o Pai todo-poderoso, Criador do céu e da terra". Deve-se notar, em primeiro lugar, que no Deus Triúno, somente o *Pai* é todo-poderoso e, em segundo lugar, que o Pai é "onipotente" como "Criador" (e no fato de que Ele ressuscitou Jesus).

Agora, como Bonhoeffer aponta, se Deus criou e cria o mundo, como tal, o mundo tem sua autonomia. Está nas mãos de Deus, e é exatamente

18 Distinção emprestada de Ricoeur, *ibid*., p. 212.

19 *L'Homme révolté*, II, p. 706.

20 *Ibid*.

21 Neologismo cunhado por J. Sarocchi (*Camus*, coll. "Philosophes", Paris, P.U.F., 1968, p. 66).

22 *L'Homme révolté*, II, p. 700. Paul Ricoeur concluiu seu artigo sobre *L'Homme révolté* dizendo que "ninguém pode negar que seu problema, o de uma 'culpa calculada', é o de toda a nossa civilização" ("L'Homme révolté de Camus" em: *Christianisme social*, 1952, no. 5-6, p. 239).

por isso que Deus não precisa intervir com frequência de forma visível ou milagrosa, de acordo com as fantasias humanas e infantis de onipotência. O homem é deixado em sua própria liberdade e responsabilidade.

Por outro lado, a fé cristã confessada no *Credo* menciona imediatamente: "[...] *e* [grifo meu] em *Jesus Cristo* [grifo meu] seu único Filho [...], que [...] foi *crucificado e morto* [grifo meu] [...]".

Na confissão de fé trinitária da Igreja, portanto, há tanto a confissão da onipotência do Pai como Criador (e na medida em que Ele ressuscita o Filho) *quanto a confissão de uma certa impotência do Filho no mundo, assumida livremente por amor na cruz.* O Pai humildemente se dá para ser reconhecido no Filho, esperando obter uma resposta *livre* da humanidade, uma resposta de amor, não por sua onipotência como tal, mas por seu *amor onipotente*, na medida em que ele os criou e também é capaz de ressuscitá-los dos mortos. Mas esse *amor todo-poderoso* torna Deus ao *mesmo tempo vulnerável*, uma vez que, tendo criado o homem *livre*, à sua imagem (à imagem de seu Filho), graciosamente, por amor, e tendo se revelado na fragilidade de um homem como eles, Jesus de Nazaré, a fim de salvá-los, chamando-os a responder livremente ao seu amor *com amor*, Deus pode *fazer qualquer coisa... exceto obrigar o homem a amá-Lo*, a seu Filho e aos outros homens nos quais ele também fez sua morada. Em 1945, em seu *Remarque sur la révolte*, Camus parece ter vislumbrado esse aspecto fundamental da Revelação Cristã, mas ele rapidamente se afasta do que lhe parece uma hipótese insustentável: "Deus estaria então na mesma aventura humilhada que o homem, seu poder vão equivalente à nossa condição vã, sujeito ao nosso poder de contestação, inclinado por sua vez diante da parte do homem que não se inclina, engajado finalmente na história, sem esperança de estabilidade eterna [...]"[23].

Isso é o que o teólogo reformado Jürgen Moltmann escreveu em *Deus crucificado. A cruz de Cristo como base e crítica da teologia cristã*[24], quando deu maior ênfase à importância decisiva e à novidade radical do evento da cruz, no qual a história entra em Deus e onde as Pessoas da Trindade são constituídas. O evento da cruz, portanto, ressoa no próprio ser de Deus, renovando assim profundamente nossa compreensão de Deus: "A

23 *Essais*, II, p. 1694.

24 J. Moltmann, *Le Dieu crucifié. La croix du Christ, fondement et critique de la théologie chrétienne*, Paris, Éd. du Cerf, 1974, p. 276-287.

doutrina da Trindade não é mais uma especulação extraordinária e impraticável sobre Deus [...]. O conteúdo da doutrina da Trindade é a cruz de Cristo"[25]. "Na oração cristã, o Novo Testamento fez uma distinção muito clara entre o Filho e o Pai. Devemos retomar isso para que não falemos mais de 'Deus' de uma forma tão simplesmente indiferenciada, abrindo assim a porta para o ateísmo"[26].

De fato, Camus tem uma concepção unívoca da onipotência divina, mesmo quando há diferenciação em Deus. Mas essa concepção não corresponde à Revelação de Deus *em Jesus Cristo*. Como Dietrich Bonhoeffer aponta, *em Jesus Cristo*, paradoxalmente :

> Deus se permite ser desalojado do mundo e pregado na cruz. Deus é impotente e fraco no mundo, e somente dessa forma ele está conosco e nos ajuda. Mateus 8:17[27] nos mostra claramente que Cristo não nos ajuda por sua onipotência, mas por sua fraqueza e sofrimento. Essa é a diferença decisiva em relação a todas as outras religiões. A religiosidade do homem o remete, em sua miséria, ao poder de Deus no mundo; Deus é o deus *ex machina*. A Bíblia aponta para o sofrimento e a fraqueza de Deus; somente o Deus sofredor pode ajudar. Nesse sentido, pode-se dizer que a evolução do mundo para a idade adulta de que falamos, limpando a lousa de uma falsa imagem de Deus, libera o olhar do homem para direcioná-lo ao Deus da Bíblia, que adquire seu poder e seu lugar no mundo por meio de sua impotência [...][28].

O argumento – *cristológico* –, extraído das profundezas da herança luterana da teologia da Cruz, é o da Redenção na Paixão e Crucificação de Cristo. Deus não é mais o *deus ex machina* supostamente todo-poderoso (na medida de nossas representações de poder) a quem podemos recorrer quando ficamos sem soluções, mas ele é o Deus da Revelação, que

25 *Ibid*, p. 284.

26 *Ibid*, p. 285-286.

27 "A fim de se cumprir o que foi dito pelo profeta Isaías: tomou sobre si as nossas enfermidades e carregou as nossas doenças".

28 *Résistance et soumission*, p. 366-367.

nos abandona e nos salva por sua retirada[29] e impotência neste mundo. Não nos esqueçamos do contexto de um mundo "sem Deus" na carta de Bonhoeffer: onde está o Deus Todo-Poderoso em Berlim em 1944?

Esse é o Deus revelado *em Cristo*: o Deus da realidade, não o Deus que Camus imagina que ele seja. Todas as palavras devem ser pesadas, bem como a alusão a Marcos e a Mateus:

> *Deus* nos faz saber que devemos viver como homens que conseguem viver sem Deus. O Deus que está conosco é aquele que nos abandona [...]. *O Deus* que nos deixa viver no mundo, sem a hipótese de um Deus operante, é aquele diante do qual estamos constantemente[30].

Observe que Deus continua sendo o sujeito de cada frase. O cristianismo não se reduz ao ateísmo – nem o ateísmo ao cristianismo –, mas é a experiência do ateísmo do mundo, que se tornou maior, que se junta ao que é único na Revelação cristã e que acontece na cruz, a saber, que é na experiência da retirada de Deus que o homem se permite ser alcançado por Deus. Da mesma forma, "viver no mundo – *etsi deus non daretur*", ou seja, "mesmo que Deus não fosse dado" (implícito como uma "hipótese") – significa, para Bonhoeffer, não "como se Deus não existisse", mas que Deus não pode mais ser pressuposto, precisamente em um "mundo que se tornou maior" e arreligioso, para o qual a "hipótese de Deus" é agora supérflua".

29 Um paralelo poderia ser traçado aqui com o trabalho de H. Jonas na tradição judaica atual, *Le Concept de Dieu après Auschwitz: une voix juive*, Paris, Rivages-Poche, 1994.

30 D. BONHOEFFER, *Résistance et soumission*, p. 366-367, [grifos nossos].

V

A OPOSIÇÃO ENTRE "SER UM SANTO SEM DEUS" E "SER UM HOMEM"

É precisamente nesse contexto de um mundo "sem Deus" que Camus, em um famoso diálogo em *A Peste*, formula, através de seus personagens, uma clara oposição entre "ser um santo sem Deus" e "ser um homem":

> – Sim, simpatia [...]. Em suma, diz Tarrou com simplicidade, o que me interessa é como você se torna um santo.
> – Mas você não acredita em Deus.
> – Essa é exatamente a questão. É possível ser santo sem Deus, esse é o único problema concreto que conheço hoje [...].
> – Talvez, respondeu o médico, mas o senhor sabe, eu me sinto mais solidário com os derrotados do que com os santos.
> Acho que não tenho gosto por heroísmo e santidade. O que me interessa é ser um homem[1].

Salientemos, deve-se enfatizar que o ideal de "santidade secular" ("ser um santo sem Deus") que algumas pessoas erroneamente atribuíram a Camus e que ele atribui a Tarrou não é de forma alguma de Camus. Apesar de haver aqueles que leram erroneamente *A Peste* e foram rápidos em "canonizar" seu autor como um "santo leigo". O que interessa a Camus, para quem Dr. Rieux é o porta-voz, é bom "ser um homem".

Agora, essa oposição e a crítica ateísta (sem Deus) que ela sustenta são relevantes para a fé na Revelação?

Em primeiro lugar, historicamente falando, não é certo que possamos simplesmente equiparar os santos à figura de "heróis". Muitos deles estiveram, durante sua vida, do lado dos "derrotados", os mártires, não buscando um ideal de santidade pessoal ou heroísmo virtuoso, mas compartilhando

1 A. CAMUS, *La Peste*, I, p. 1427.

uma solidariedade com os "derrotados". Pense em São Francisco de Assis, que cuidava dos leprosos, ou em São Vicente de Paulo.

Mas a questão essencial não é essa. Trata-se, em vez disso, de uma questão de saber se, à luz da fé na Revelação, isso permite que o homem assuma sua humanidade sendo um homem "com" e "para os outros". Essa é a pergunta que Camus está indiretamente fazendo sobre o cristianismo em um mundo "sem Deus". Mas Bonhoeffer nos lembra exatamente que:

> Ser cristão não significa ser religioso de uma certa maneira, tornar-se alguém por algum método (um pecador, um penitente ou um santo), significa *ser um homem* [grifo meu]; Cristo cria em nós não um tipo de homem, mas um homem de fato. Não é o ato religioso que torna o cristão, mas sua participação no sofrimento de Deus na vida do mundo. Isso é *metanoia*: não pensar primeiro em suas próprias misérias, problemas, pecados e angústias, mas permitir-se ser atraído pelo caminho de Jesus Cristo [...][2].

No mesmo sentido, Bonhoeffer escreve em uma carta da prisão:

> Lembro-me de uma discussão que tive nos Estados Unidos com um jovem pastor francês há treze anos. Nós simplesmente nos fizemos esta pergunta: o que queremos fazer com nossa vida? Ele me disse: "Eu gostaria de ser um santo." [...] eu respondi imediatamente: "Eu gostaria de aprender a acreditar" [...]. Mais tarde, entendi e continuo aprendendo que é vivendo a vida plenamente que você passa a acreditar. Quando você renuncia completamente a se tornar alguém – um santo, ou um pecador convertido, ou um homem da Igreja (o que chamamos de figura clérica), uma pessoa justa ou injusta [...] – a fim de viver na multidão de tarefas, questionamentos, sucessos e fracassos, experiências e perplexidades – e isso é o que chamo de viver no mundo –, então a pessoa se coloca totalmente nas mãos de Deus, leva a sério não os próprios sofrimentos, mas os de Deus no mundo, faz vigília com Cristo no

2 *Résistance et soumission*, p. 367-368.

> Getsêmani; isso, penso eu, é fé, a *metanoia*; é assim que a pessoa se torna um homem, um cristão[3].

Para Bonhoeffer, o argumento é *cristológico*: é uma questão de se tornar *um homem*, e não apenas um "*cristão*" (aspas minhas), porque o próprio Deus se revelou absolutamente em um homem "com" e "para os outros", em Jesus. "O cristão não é um *homo religiosus*, mas simplesmente um homem, assim como Jesus era um homem em contraste a João Batista" [4]. Efetivamente, Deus, paradoxalmente, não se revelou em um homem religioso, mas *em*, *por* meio de e *como* um "homem" (*Mensch*); não em um sacerdote, mas em "um homem de fato"; não no sagrado, no divino, mas simplesmente na vida humana. Jesus não é João Batista: "João Batista veio de fato; ele não come pão, não bebe vinho, e vocês dizem: "Ele é um homem possuído!" Veio o Filho do Homem; ele come e bebe, e vocês dizem: 'Ele é comilão e beberrão, amigo dos cobradores de impostos e dos pecadores'" (Lc 7:33-34).

O cristianismo não é reduzido ao mundo, mas o argumento é de fato *cristológico* para Bonhoeffer: Cristo não é um homem do sagrado, mas um *homo humanus*[5] : um humano que vive o humano com cada ser humano, revelando assim a profundidade da graça dentro do ser humano. Para Bonhoeffer, se Deus assumiu plenamente a humanidade em seu Filho, é "bom"[6] que o homem seja homem, torne-se homem e permaneça homem, a fim de ser, seguindo os passos de Cristo, um homem "com" e "para os outros"[7].

O cristianismo não é mais reservado a uma elite piedosa, voltada para o sagrado. Mas o cristão segue Cristo (*Nachfolge*) tornando-se radicalmente humano, e não por meio de práticas religiosas. A partir de então,

3 *Résistance et soumission*, p. 371-372, [grifo nosso] (ver igualmente os "testos selecionados" no fim deste volume).

4 *Resistência e submissão*, p. 371. Diferentemente de Jesus, João Batista veio de uma família sacerdotal por meio de seu pai Zacarias, que era sacerdote, e de sua mãe Isabel, que pertencia aos descendentes de Aarão (cf. Lc 1:5).

5 Usamos aqui a expressão de Eberhard Jüngel, que reconheceu Bonhoeffer como um de seus inspiradores. Cf. *Dieu mystère du monde*, I, Paris, Éd. du Cerf, 1983, pp. 25-26, 85-96.

6 Gn.1,31.

7 *Résistance et soumission*, p. 389.

o "ser cristão" (*Christsein*) recebe seu significado final da Encarnação: é ser *homem*, tornar-se humano no sentido pleno da palavra e, no contexto desumanizador da prisão e dos bombardeios em que Bonhoeffer viveu, ou da peste em Camus, *permanecem*.

Assim, Bonhoeffer permite que o cristão tome nota positiva do projeto de Camus de se tornar, não uma figura de "santo secular" ou "herói", mas de se tornar *humano* "sem Deus". Com isso queremos dizer, com D. Bonhoeffer e E. Jüngel na mesma direção[8], humano, por um lado, em um mundo onde Deus não pode mais ser pressuposto, na medida em que ele não informa mais a cultura; humano, por outro lado, sem um "Deus" que desumanizaria. Ao mesmo tempo, Bonhoeffer aponta o caminho da humanização ao qual o projeto de se tornar mais humano com o Deus revelado no *homem Jesus*.

Para isso, Bonhoeffer se baseia em uma interpretação teológica, justificada não apenas num olhar da humanidade, mas também num olhar da *cristologia*, convidando-nos a uma nova compreensão do homem e de Deus, que novamente encontra seu fundamento na *cristologia*:

> Não podemos ser honestos sem reconhecer que temos de viver no mundo – *etsi deus non daretur* [...]. Ao atingirmos a maioridade, somos levados a reconhecer mais verdadeiramente nossa situação perante Deus. Deus nos faz saber que temos de viver como pessoas que conseguem viver sem Deus [...]. Diante de Deus e com Deus, vivemos sem Deus[9].

Em conclusão, e ao contrário do que Camus pensa ao formular uma clara oposição entre "ser um santo sem Deus" e "ser um homem", o crente – com Deus – não está procurando um modelo de santidade pessoal, heróica ou filantrópica. Mas o cristão é chamado, em um mundo "sem Deus" – ou seja, em um mundo que não tem Deus e não o invoca mais – a se tornar um homem "com" e "para" os outros, porque o próprio Deus se revelou em um homem "com" e "para os outros", em Jesus.

8 E. JÜNGEL, *Dieu mystère du monde*, tomo I da tradução francesa, Paris, Éd. du Cerf, 1983, especialmente p. 29.

9 *Résistance et soumission*, p. 366-367.

Notemos que Bonhoeffer foi capaz de extrair as implicações éticas de seu próprio discurso teológico, conforme evidenciado por seu envolvimento na Resistência e pela maneira como viveu seu compromisso como homem e como cristão responsável. A um companheiro de prisão italiano que lhe perguntou como ele poderia ter participado de um complô contra Hitler como cristão e pastor, Bonhoeffer respondeu sem irenismo: "Se um louco [...] joga seu carro na calçada, eu não posso, como pastor, me contentar em enterrar os mortos e consolar as famílias. Se eu me encontrar lá, tenho que entrar e arrancar o motorista do volante"[10].

Foi nesse sentido que, em uma palestra proferida no convento dominicano de La Tour Maubourg em 1948, Camus tomou a liberdade de "exigir de [seus interlocutores] deveres que é necessário exigir de todo homem hoje, seja ele cristão ou não"[11].

10 (*Die mündige Welt*, vol. 1, Munique, 1955-1966, p. 14).

11 (*Essais*, II, p. 371. Veja também os "Textos escolhidos" no final desse volume).

VI

"SIMPATIA" E "CARIDADE"

Para Camus, é a própria ausência de qualquer transcendência fundacional que provoca os homens à gratuidade e à generosidade sincera entre si, bem como a qualquer solidariedade autêntica diante do absurdo – e que a garante.

A referência a um Deus "Juiz", de acordo com Camus, ainda mantém a humanidade em uma lógica mercantil de retribuição, recompensa ou punição, com os cristãos agindo por medo da punição divina, por preocupação individualista com sua salvação pessoal ou sua santidade, basicamente por interesse próprio, e não por amor desinteressado pelos outros.

Para Camus, em *A Peste*, é apenas a "simpatia" que leva Rieux e Tarrou a lutar por seus irmãos contra a epidemia. Amar a Deus seria trair o amor dos homens e o desejo de justiça deles; seria aceitar o "amor contratual"[1] de que fala Nietzsche e que o padre Paneloux admite: É durante a agonia de uma criança, o filho do juiz Othon, que a concepção ateísta de amor de Dr Rieux e a do amor "contratual" do padre Paneloux se chocam, o ateu e o padre, ambos trabalhando incansavelmente para combater a epidemia.

Para o "jesuíta erudito e militante"[2] que sussurra: "É revoltante porque está além de nossa medida. Mas talvez devêssemos amar o que não podemos entender"[3], o Dr Rieux respondeu: "Não, padre [...]. Eu tenho uma ideia diferente de amor. E vou me recusar até a morte a amar essa criação onde crianças são torturadas"[4]. Comovido com a agonia dessa criança, o Padre Paneloux chegou ao ponto em que "você tem que acreditar em tudo ou negar tudo[5]".

Em seu último sermão, ele convidou os cristãos a "aceitarem se colocar

1 F. Nietzsche, *Le Gai savoir*, *op. cit.*, p. 157.

2 *La Peste*, I, p. 1230.

3 *La Peste*, I, p. 1397.

4 *Ibid.*

5 *La Peste*, I, p. 1402.

nas mãos de Deus, mesmo para a morte de crianças"[6]: "Tivemos que admitir o escândalo porque [...] tivemos que escolher odiar Deus ou amá-lo"[7].

Para Rieux, nenhuma síntese salvadora pode aliviar o homem de sua responsabilidade fraterna para com aqueles que sofrem. O amor só pode ser experimentado como um dom radical, em outras palavras, como abnegação e gratuidade na ausência de qualquer transcendência em uma luta sem esperança.

O verdadeiro amor, a "simpatia", que é a comunhão dos seres humanos diante do absurdo e do mal, é, portanto, radicalmente diferente da "caridade", com a qual Camus se refere ao bem ou à "esmola" dada aos outros pelos "cristãos" para a sua própria salvação: "Muitas pessoas", escreve ele, falando dos "cristãos", "decidiram dispensar a generosidade para praticar a caridade"[8].

Nessa perspectiva, o outro, a vítima da peste nesse caso, é instrumentalizado, visto como um meio de justificação e santificação pessoal, ao passo que, para Camus, "o homem é seu próprio fim. E ele é seu único fim"[9], "sem nenhum outro futuro além dele mesmo"[10].

Portanto, é compreensível que, para Camus, a "simpatia", a generosidade, o serviço desinteressado aos outros sem glamour, heroísmo ou santidade, a fraternidade humana e a solidariedade em uma luta sem esperança sejam as únicas atitudes autenticamente humanas que, em *A Peste*, devem tomar o lugar da concepção "cristã" de "caridade", entendida aqui como um "meio" para os "cristãos" ganharem seu caminho para o céu.

No entanto, ainda temos que verificar se esse conceito de "caridade" é cristão, em outras palavras, se está de acordo com a fé na Revelação, conforme atestada pelas Escrituras.

Bonhoeffer, seguindo a linha de Lutero, denuncia a instrumentalização individualista da graça e do amor ao próximo por meio de "obras" a fim de alcançar a salvação pessoal, e protesta contra essa perversão do amor gratuito de Deus e do próximo, quando o próprio Cristo disse: "Curai os enfermos [...]. Vocês receberam de graça, deem de *graça*" (Mt 10:8).

É essa concepção individualista e mercantil da salvação, na qual a

6 *La Peste*, I, p. 1405.

7 *Ibid.*

8 *La Chute* in *Théatre, Récits, Nouvelles*, I, p. 1534.

9 *Le Mythe de Sisyphe*, II, p. 166.

10 Cité par Grenier in *Théatre, Récits, Nouvelles*, I, p. XXII.

"caridade" é usada como um instrumento, que Dietrich Bonhoeffer, como cristão, critica em suas cartas da prisão, quando denuncia a natureza individualista da religião:

> O que significa "interpretar religiosamente"? Para mim, significa: falar [...] de uma forma individualista. A questão individualista da salvação pessoal não desapareceu completamente para todos nós? [...] Romanos 3:24ss.[11], não é o ponto culminante da ideia de que somente Deus é justo, e não uma doutrina individualista de salvação[12]?

Para Bonhoeffer, o termo "religião" evoca uma teologia, uma piedade, uma atitude individualista, uma moral. A religião se baseia no pressuposto da *interioridade*, entendida como pura subjetividade, em oposição à exterioridade e à história, ou seja, na consciência moral, ou na "alma", estando o indivíduo preocupado com sua salvação pessoal. Sob essas condições, a religião é levada a colocar Deus fora da natureza e do mundo, colocando-o apenas em um relacionamento íntimo com a consciência pessoal.

Portanto, é fácil entender por que Camus critica *certos* "cristãos" por essa concepção individualista de salvação que tende a explorar a "caridade", uma concepção que Dietrich Bonhoeffer critica precisamente na esteira de Lutero.

Mas a crítica de Camus, se ela se aplica a um certo tipo de "cristianismo", não diz respeito à fé na Revelação, na medida em que a Escritura defende esse amor desinteressado ao próximo, já que em Mt 25,31-40, aqueles a quem Cristo se dirige no Juízo, e que cuidaram de seus irmãos doentes durante suas vidas, demonstram seu espanto na presença de Cristo, que então lhes revela que foi para ele que fizeram isso, embora eles mesmos não soubessem, porque estavam fazendo isso livremente, por simpatia, para aliviar seus irmãos, sem buscar a salvação deles, sem nem mesmo saber que era Cristo, como suas perguntas testemunham: "Senhor, *quando foi que te vimos*...?". "tu estavas doente". Quando temos vindo até a ti ?" E Cristo respondeu: "Amém, eu vos digo que, cada vez que o fizestes a um destes meus pequeninos irmãos, a mim o fizestes".

11 "Todos os homens são pecadores, todos são privados da glória de Deus, que os torna justos somente por sua graça, em virtude da Redenção realizada em Cristo Jesus [...]".

12 *Résistance et soumission*, p. 294.

De fato, de uma perspectiva cristã, Deus e o homem não podem ser separados – nem confundidos – porque, em Cristo, o próprio Deus, por amor, uniu-se irrevogavelmente ao homem por meio da Encarnação, a ponto de se identificar aqui com os doentes, às vítimas da peste.

Consequentemente, o conceito de "caridade cristã", contra o qual Camus corretamente discute aqui, substituindo-o por simpatia e amor desinteressado, não corresponde, como vemos, à estrutura da Revelação Cristã, que exige precisamente compaixão e esse amor-ágape.

Será que o Dr Rieux também não depende involuntariamente de uma lógica sutil de retribuição que tende a tornar problemática a reivindicação de gratuidade de seu amor ateísta por aqueles que sofrem? Em seus *Carnets*, Camus afirma que "o médico [é] o inimigo de Deus"[13], que "até mesmo sua profissão é ser inimigo de Deus". Em outras palavras, o médico não pode amar a criação ou o Criador, porque a ideia de "amar a Deus por nada" é, basicamente, totalmente estranha para ele. E, no entanto, de acordo com Paul Ricoeur, essa seria a maneira de "escapar completamente do ciclo de retribuição ao qual a lamentação ainda é cativa"[14].

A "lamentação" de Rieux desafia a ideia de que o "mal sofrido" (a peste) pode contribuir para um bem e uma ordem supremos, mas, ao mesmo tempo, sua lamentação não pode abandonar essa ideia – senão, qual é o sentido de desafiá-la? Sua lógica é implicitamente baseada no desejo de provar em termos causais o problema da origem do mal: Deus está sempre em sua origem, de uma forma misteriosa para Paneloux, de uma forma escandalosa para Rieux, mas a ideia em si não está em questão.

Se Rieux admitisse que podemos "amar a Deus por nada", ele talvez deixasse de considerar Deus principalmente como o princípio explicativo do universo e o considerasse como um Ser relacional; o que introduziria uma gratuidade em sua ação médica: salvar os doentes, não para se opor a Deus, mas por uma questão de solidariedade.

Talvez tenha sido Nietzsche quem forneceu a expressão mais poderosa desse amor livre e modesto: "Se eu o amo, isso é da sua conta?"[15].

13 *Carnets* II, Paris, Gallimard, 1964, p. 129.

14 P. RICOEUR, "Le mal, un défi à la philosophie et à la théologie" em *Lectures 3*. Paris, Éd. du Seuil, 1994, p. 231-332.

15 F. NIETZSCHE, *Le Gai savoir*, *op. cit.*, p. 157.

VII

PARA ALÉM DO IDEALISMO MORAL E DO REALISMO CÍNICO

Nas páginas finais de *O homem revoltado*, Camus tenta encontrar uma solução para o problema da revolta na história e reabilitá-la como um "valor fundador da humanidade"[1] contra seus desvios. E ele faz isso abrindo caminho para uma ética de moderação que vai além do idealismo moral e do realismo cínico: "Se a revolta pudesse formar a base de uma filosofia [...] seria uma filosofia de limites, de ignorância calculada e do risco"[2].

Em uma releitura crítica da dialética hegeliana de senhor e escravo, Camus acredita que uma meditação sobre a revolta implica imediatamente a ideia de limites: primeiro, porque o escravo que se revolta estabelece limites para a opressão; mas também, ao descobrir a dignidade comum a todos os homens, ele descobre os limites de sua própria revolta, no direito do outro de se revoltar. A revolta não reivindica a liberdade total; pelo contrário, ela coloca em julgamento a liberdade total do mestre[3]. É o sentido do limite certo: "Somente o pensamento aproximado gera a realidade"[4]. Aparece assim, a lógica profunda da revolta: não ao tirano, sim ao homem. É essa "tensão perpétua" entre o sim e o não que transcende a revolta, que de outra forma se degeneraria no abandono assassino do "vale tudo" e reconheceria o mal apenas para aumentá-lo. Podemos, portanto,

1 P. RICOEUR, "L'Homme révolté de Camus" em: *Christianisme social*, 1952, nº 5-6, p. 233.

2 *L'Homme revolté*, II, p. 693.

3 "O escravo contra seu mestre não se preocupa [...] em negar o mestre como um ser. Ele o nega como mestre. Ele nega que ele, o escravo, tenha o direito de negá-lo como uma exigência. O mestre cai na mesma medida em que não responde a uma demanda que ele negligencia. Se os homens não podem se referir a um valor comum, reconhecido por todos em cada um, então o homem é incompreensível para o homem" (*L'Homme révolté*, II, p. 435).

4 *L'Homme révolté*, II, p. 698.

dizer que, em Camus, a medida é uma revolta em segundo grau, que é a revolta da revolta, como Paul Ricoeur[5] viu claramente.

Se a revolta se desvia para a inação ou o terror, é por uma "intemperança do absoluto" que condena o homem ao dilema entre a atitude do yogi que escolhe "a ineficácia da abstenção" e a atitude do representante que escolhe "a da destruição"[6]. Mas o homem vive no relativo. Assim, à intransigência revolucionária, ao que os gregos já chamavam de *hybris* (excesso), Camus opõe a ideia de limites, "simbolizada por Nêmesis, deusa da medida, fatal para o excessivo[7]. Ele afirma que "há, para o homem, uma ação e um pensamento possíveis no nível médio que é o seu"[8], o que ele chama de "pensamento do meio-dia". É o "pensamento solar" dos gregos "onde [...] a natureza sempre esteve equilibrada com o devir"[9], um pensamento feito precisamente de equilíbrio e de um senso do relativo, por meio do qual a revolta se pronuncia "a favor da vida, não contra ela"[10].

Para Camus, é o próprio princípio da rebelião que informa o homem rebelde em suas ações, mostrando-lhe o significado e as bordas de sua ação, bem como as noções de limite e medida. Camus reconhece que o princípio fundador da revolta tem um "valor mediador" [11]: a medida. Isso, escreve ele, "nos ensina que é necessário uma quota de moral em todo realismo: a virtude pura é assassina[12]; e todo realismo precisa de uma medida de moralidade: o cinismo é assassino"[13].

É interessante notar que, com relação à fé na Revelação, Bonhoeffer rejeita, no mesmo sentido que Camus, qualquer atitude moralista de tipo idealista e, inversamente, qualquer atitude cínica, e, em essência, une-se

5 P. RICOEUR, "L'Homme révolté de Camus" em: *Christianisme social*, 1952, nº 5-6, p. 238.

6 Cf. *L'Homme revolte*, II, p. 693.

7 L'Homme révolté, II, p. 699. Notemos que Camus havia planejado completar *Le Mythe de Sisyphe* e *L'Homme révolté* com um terceiro ensaio sobre o amor, que teria um título significativo: *Le Mythe de Némésis*.

8 *L'Homme révolté*, II, p. 705.

9 *L'Homme révolté*, II, p. 701.

10 *Ibid.*

11 *L'Homme révolté*, II, 699.

12 *Ibid.* Já Pascal, em quem Camus se inspirou, afirmou em seus *Pensées* que "aquele que deseja ser um anjo se torna uma besta".

13 *L'Homme révolté*, II, p. 699-700.

à posição ética de Camus, tomando caminhos diferentes, nesse caso, os da Revelação.

Para Bonhoeffer, nem o idealismo moral nem o realismo cínico são adequados para os cristãos. Ambos carecem da relação com a ética e da relação entre o Deus santo e o mundo da complexidade humana.

É por isso que, no que teria sido sua Ética[14], Bonhoeffer se recusa a partir de princípios morais e critica o idealismo e o fanatismo, que sacrificam a realidade a princípios abstratos e idolatram estes últimos em detrimento da realidade, enquanto Camus também afirma que "toda moralidade precisa de uma medida de realismo, já que a virtude pura é assassina".

Ao fazer isso, Bonhoeffer discorda explicitamente dos princípios abstratos e universalizáveis de Kant e dos "homens de dever". Em nome de seu "imperativo categórico", ressalta Bonhoeffer[15], Kant não negou a um indivíduo o direito de mentir para proteger um amigo da polícia de um perseguidor.

É por isso que, para Bonhoeffer, o ponto de partida não é a questão da verdade, mas a da *responsabilidade*, que é exercida na "polifonia dos deveres", em referência a Jesus Cristo, "o homem responsável", "o homem para os outros".

Assim como Camus acrescenta que "todo realismo precisa de um componente moral, [sendo] o cinismo assassino"[16], Bonhoeffer também critica o cinismo e o pragmatismo, segundo os quais a realidade se torna a idolatria do sucesso.

Agora, além dessas duas formas antagônicas de idolatria, o fanatismo e o cinismo, Bonhoeffer também recusa essa lógica do tudo ou nada, mas de uma forma que Camus faz em virtude do princípio fundador da revolta e do "valor mediador", que é a medida, Bonhoeffer, por sua vez, faz isso começando primeiramente com Cristo, que é o princípio, não para negar o bem e o mal, mas porque o bem e o mal dependem de Cristo no mundo

14 Obra póstuma composta de fragmentos inacabados, notas dispersas e capítulos escritos por Bonhoeffer entre 1940 e 1943 e coletados por seu amigo Eberhard Bethge após sua morte (*Éthique*, trad. fr., Genebra, Labor et Fides, 1965).

15 "Se aquele que é forçado pela guerra a enganar é chamado de mentiroso, a mentira adquire uma consagração moral e uma justificativa em absoluta contradição com sua natureza" (trecho do texto: *Que signifie dire la verité?* que conclui a *Éthique*, Genebra, Labor et Fides, 1965, p. 313).

16 *L'Homme révolté*, II, p.699-700.

atual, como ele é "aqui e agora". O homem do Sermão da Montanha, que disse a seus discípulos: "Que o seu 'sim' seja 'sim' e o seu 'não' seja 'não'" (Mt 5:37), é também o homem realista que enviou seus discípulos para o meio dos lobos, aconselhando-os a serem "prudentes como as serpentes e mansos como as pombas" (Mt 10:16), como Bonhoeffer aponta.

É pelo fato de Cristo, como o Verbo de Deus feito homem, ser "forma" (*Gestalt*), que informa a realidade a partir *de dentro*, que o cristão, deixando-se formar por Cristo – o que Bonhoeffer chama de "modelação" (*Gestaltung*) - deve inventar respostas éticas ousadas que vão além do idealismo moral e do realismo cínico[17].

17 Cf. J. Moussé, "L'Éthique pour Bonhoeffer" in: *Études*, juillet-août 1995, p. 57-65.

CONCLUSÃO

Essa comparação esboçada dos fundamentos do humanismo não religioso de Camus com os fundamentos teológicos do humanismo cristão de Bonhoeffer nos permitiu medir a relevância da crítica de Camus ao cristianismo.

Se essa crítica se aplica a um certo "cristianismo", ela não diz respeito à revelação cristã como tal, atestada pelas Escrituras, da qual esse "cristianismo" é apenas um simulacro. Em vez disso, essa crítica diz respeito à maneira pela qual o cristianismo tem sido compreendido, experimentado e deturpado, precisamente em relação à Revelação que o julga, como Bonhoeffer mostra claramente a partir de uma perspectiva luterana.

Dessa forma, também temos visto que os fundamentos do humanismo não religioso de Camus estão, de forma autônoma, em consonância com alguns aspectos importantes dessa Revelação despojada de sua roupagem religiosa por Bonhoeffer, como ele a concebe, a saber:

- A "fidelidade à terra" e a recusa – correspondentemente – de falar do Deus da Bíblia metafisicamente como um "além-mundo", enquanto a Revelação fala de Deus "na mundanidade" e remete o homem à finitude.
- A recusa, também, de recorrer a um "deus tapa-buraco" para responder ao absurdo e a um *deus ex machina* para responder ao problema do mal.
- O projeto ético de se tornar um homem "com" e "para os outros" em um mundo que não tem Deus e, correlativamente, a recusa de uma concepção individualista de "santidade".
- Solidariedade e amor desinteressado pelos outros e, da mesma forma, a rejeição de uma concepção individualista de "caridade" instrumentalizada pelos "cristãos" para sua própria salvação pessoal.
- Finalmente, a busca por uma ética que vá além do idealismo moral e do realismo cínico.

E tudo isso sem que Camus tenha tomado a medida, já que ele ignora precisamente a Revelação como tal e a confunde com um grau idólatra de "religião" que a esconde dele, já que não se baseia nas Escrituras.

Não se trata de minimizar a posição ateísta de Camus, reduzindo-a a um simples mal-entendido, pois, como vimos, há um elemento irredutível de ateísmo nele, nem de aumentar – o que é diferente – a legitimidade de sua opção *não religiosa*. Mas é para mostrar, por um lado, que sua crítica expressa mais uma rejeição da "religião" em seus desvios idólatras do que uma rejeição do Deus da realidade, o Deus da Revelação bíblica, e, por outro lado, que há de fato um *humanismo cristão* fundamentalmente ligado à Encarnação e Redenção de Cristo, Em outras palavras, o fato de que Deus se revelou em, por meio de e como homem por amor à humanidade, a ponto de dar a vida por ela, de *uma vez por todas*, na cruz, e que, se Deus assumiu plenamente a humanidade em seu Filho, é bom que o homem seja homem, torne-se homem e permaneça homem para ser, nos passos de Cristo, um homem "com" e "para os outros".

Portanto, não há necessidade de escolher, de maneira prometeica, como pensa Camus[1], o homem que entraria em rivalidade com Deus, e de excluir este último em favor do primeiro, já que, na perspectiva cristã, Deus se tornou homem *com* e *para*[2] o homem.

Em outras palavras, o dilema de ter que escolher entre "Deus *ou* o homem"[3] – um preconceito pelo qual Camus é influenciado – é um falso dilema à luz da fé na Revelação *em Cristo*, que vê Deus *e* o homem sem separação ou confusão.

Então, é profundamente estranho à fé cristã pensar que o homem deve primeiro ser degradado a fim de ser colocado face a face com Deus, e admitir que Deus é tanto mais honrado quanto mais o homem é diminuído ou desprezado, o que equivale a desprezar ambos ao mesmo tempo. Assim, Camus e Bonhoeffer, um como ateu e o outro como cristão, têm razão em protestar contra uma apologética do *deus ex machina* que rebaixa Deus tanto quanto o homem.

1 "Se eu acreditasse em Deus, eu não sararia o homem. Se eu tivesse a ideia de que o homem pode ser curado, eu não acreditaria em Deus" (*Carnets* II, p. 121).

2 Rm. 5, 8.

3 E. SCHILLEBEECKX, *Approches théologiques, II, Dieu et l'homme* (trad.. do holandês por P. BOURGY), Bruxelas, Éditions du CEP, 1965, p. 46.

Certamente, como Bonhoeffer nos lembrou, "o perigo de nos permitirmos ser levados a desprezar os homens é grande. [Mas] sabemos muito bem que não temos o direito de fazer isso e que nunca teremos nada além de relações estéreis com eles enquanto não estivermos livres do desprezo [...]. Deus mesmo não desprezou os homens, mas se fez homem por amor a eles"[4].

É em nome de sua fé no "homem de carne"[5] que Camus conclui, no final de *A Peste*, que "há mais coisas para admirar nos homens do que coisas para desprezar"[6].

4 *Résistance et soumission*, p.19.

5 *L'Homme révolté*, II, p.707.

6 *La Peste*, I, p. 1473.

TEXTOS SELECIONADOS

Albert Camus

Cartas a um amigo alemão[1]

Quarta carta

> *O homem é perecível. Pode ser; mas vamos perecer resistindo, e se o nada está reservado para nós, não façamos justiça! Obermann (Carta 90)*

Chegou o momento de sua derrota. Estou lhe escrevendo de uma cidade que é famosa em todo o universo e que está preparando um dia de liberdade contra você. Ela sabe que isso não é fácil e que primeiro precisa passar por uma noite ainda mais escura do que a que começou há quatro anos com sua chegada. Estou escrevendo para você de uma cidade privada de tudo, sem luz ou fogo, faminta, mas ainda não reduzida. Em breve, ela será atingida por algo que você ainda nem imaginou. Se tivermos sorte, nos encontraremos um diante do outro. Tenho uma boa ideia de suas razões e você tem uma boa ideia das minhas. Essas noites de julho são ao mesmo tempo leves e pesadas. Leves no Sena e nas árvores, pesadas nos corações daqueles que estão esperando pelo único amanhecer que desejam. Estou

1 Quatrième lettre em *Lettres à un ami allemand. Essays,* "Bibliothèque de la Pléiade", Paris, Gallimard, p. 239-243.

esperando e pensando em você: tenho mais uma coisa para lhe dizer, e será a última. Quero lhe dizer como é possível que já tenhamos sido tão parecidos e agora sejamos inimigos, como eu poderia ter estado ao seu lado e por que agora tudo acabou entre nós.

Durante muito tempo, acreditamos juntos que este mundo não tinha uma razão maior e que estávamos frustrados. De certa forma, ainda acredito nisso. Mas tirei conclusões diferentes daquelas que você me contou na época e que você vem tentando escrever na história há tantos anos. Hoje digo a mim mesmo que, se eu realmente tivesse seguido o que você pensa, teria de concordar com o que você faz. E isso é tão sério que preciso parar e pensar sobre isso, no meio desta noite de verão tão cheia de promessas para nós e ameaças para você.

Você nunca acreditou no significado deste mundo e extraiu dele a ideia de que tudo era equivalente e que o bem e o mal podiam ser definidos como você quisesse. Você supôs que, na ausência de qualquer moralidade humana ou divina, os únicos valores eram aqueles que governavam o mundo animal, ou seja, a violência e a astúcia. Você concluiu que o homem não era nada e que sua alma poderia ser morta, que na mais insensata das histórias a tarefa de um indivíduo só poderia ser a aventura do poder, e sua moralidade, o realismo da conquista. E, para dizer a verdade, eu, que pensava estar pensando como você, vi poucos argumentos para me opor a você além de um gosto violento pela justiça que, no final, me pareceu tão irracional quanto a mais repentina das paixões.

Qual foi a diferença? É que você aceitou levemente o desespero e eu nunca concordei com ele. Foi que você aceitou a injustiça de nossa condição o suficiente para resolver aumentá-la, enquanto me pareceu, ao contrário, que o homem tinha de afirmar a justiça para lutar contra a injustiça eterna, para criar felicidade a fim de protestar contra o universo da infelicidade. Por você ter transformado seu desespero em embriaguez, por ter se libertado dele ao estabelecê-lo como um princípio, você concordou em destruir as obras do homem e lutar contra ele para completar sua miséria essencial. E quanto a mim, recusando-me a aceitar esse desespero e esse mundo torturado, tudo o que eu queria era que os homens redescobrissem sua solidariedade e se unissem à luta contra seu destino revoltante.

Como você pode ver, extraímos morais diferentes do mesmo princípio. É porque, ao longo do caminho, você abandonou sua lucidez e achou mais conveniente (você teria dito indiferente) que outra pessoa pensasse por você e por milhões de alemães. Por estar cansado de lutar contra os céus, você descansou nessa aventura exaustiva em que sua tarefa é mutilar almas e destruir a terra. Para ser franco, você escolheu a injustiça, você se colocou do lado dos deuses. Sua lógica era apenas aparente.

Eu, por outro lado, escolhi a justiça, para permanecer fiel à terra. Ainda acredito que este mundo não tem um significado maior. Mas sei que há algo nele que faz sentido, e isso é o homem, porque ele é o único ser que exige fazer sentido. Este mundo, pelo menos, tem a verdade do homem, e nossa tarefa é dar a ele suas razões contra o próprio destino. E ele não tem outras razões além do homem, e é o homem que devemos salvar se quisermos salvar a ideia que temos da vida. Seu sorriso e seu desdém me dirão: o que é salvar o homem? Mas eu lhe digo com todo o meu coração: não é mutilá-lo e é dar a ele as chances da justiça que só ele pode conceber. É por isso que estamos lutando. É por isso que tivemos de segui-lo por um caminho que não queríamos percorrer e no final do qual fomos derrotados. Porque seu desespero era sua força. A partir do momento em que está sozinho, puro, autoconfiante e impiedoso em suas consequências, o desespero tem um poder impiedoso. Foi ele que nos esmagou enquanto hesitávamos e ainda olhávamos para imagens felizes. Pensávamos que a felicidade era a maior conquista de todas, aquela que fizemos contra o destino que nos foi imposto. Mesmo na derrota, esse arrependimento nunca nos abandonou.

Mas vocês fizeram o que tinham de fazer, e entramos para a história. E por cinco anos, não foi mais possível apreciar o som do canto dos pássaros no frescor da noite. Tivemos que perder a esperança. Estávamos separados do mundo, porque cada momento do mundo estava ligado a um povo inteiro de imagens mortais. Há cinco anos, não há manhã nesta terra sem agonia, nem noite sem prisões, nem meio-dia sem carnificina. Sim, tivemos que segui-lo. Mas nossa difícil façanha foi segui-lo na guerra, sem esquecer a felicidade. E, em meio ao clamor e à violência, tentamos manter em nossos corações a lembrança de um mar feliz, uma colina jamais esquecida, o sorriso de um rosto querido. Essa era a nossa melhor arma, aquela que nunca baixaríamos. Porque no dia em que a perdermos, estaremos tão mortos quanto vocês. Simplesmente sabemos agora que as armas da felicidade levam muito tempo e muito sangue para serem forjadas.

Tivemos que entrar em sua filosofia, aceitar parecermos um pouco como você. Você escolheu o heroísmo sem direção, porque é o único valor que resta em um mundo que perdeu o sentido. E tendo escolhido isso para si mesmo, você o escolheu para todos e para nós. Fomos obrigados a imitá-lo para não morrer. Mas então percebemos que nossa superioridade sobre você era ter uma direção. Agora que isso vai acabar, podemos lhe dizer o que aprendemos, ou seja, que o heroísmo é uma coisa pequena, a felicidade é mais difícil.

A esta altura, já deve estar claro para você que somos inimigos. Você é o homem da injustiça e não há nada no mundo que meu coração possa odiar tanto. Mas o que era apenas uma paixão, agora sei os motivos. Eu luto contra você porque sua lógica é tão criminosa quanto seu coração. E no horror que você nos causou por quatro anos, sua razão tem tanto a ver com isso quanto seu instinto. É por isso que minha condenação será total, você já está morto para mim. Mas mesmo enquanto julgarei sua conduta atroz, lembrarei que você e nós começamos na mesma solidão, que você e nós estamos com toda a Europa na mesma tragédia de inteligência. E, apesar de si mesmo, manterei o nome de homem para você. Para sermos fiéis à nossa fé, somos obrigados a respeitar em você o que você não respeita nos outros. Por muito tempo, essa foi sua grande vantagem, porque você mata mais facilmente do que nós. E até o fim dos tempos, isso será uma vantagem para aqueles que são como você. Mas até o fim dos tempos, nós, que não somos como você, teremos de dar testemunho para que o homem, além de seus piores erros, receba sua justificativa e suas credenciais de inocência.

É por isso que, no final deste combate, do coração desta cidade que assumiu a face do inferno, acima de todas as torturas infligidas ao nosso povo, apesar de nossos mortos desfigurados e de nossas aldeias de órfãos, posso lhe dizer que, no exato momento em que vamos destruí-lo sem piedade, no entanto, não temos ódio de você. E mesmo que amanhã, como tantos outros, tivéssemos que morrer, ainda assim não teríamos ódio. Não podemos dizer que não temos medo, apenas tentaríamos ser razoáveis. Mas podemos dizer que não odiamos nada. E a única coisa no mundo que eu poderia odiar hoje, eu lhe digo que estamos em ordem com ela e que queremos destruí-lo em seu poder sem mutilá-lo em sua alma.

Você pode ver que ainda tem vantagem sobre nós. Mas também é nossa superioridade. E é isso que torna minha noite tão leve. Aqui está nossa força, que é pensar como você sobre a profundidade do mundo, não recusar nada do drama que é nosso, mas, ao mesmo tempo, ter salvado a ideia do homem no final desse desastre da inteligência e ter extraído dela a incansável coragem dos renascimentos. É claro que a acusação que fazemos ao mundo não foi aliviada. Pagamos muito caro por essa nova ciência para que nossa condição deixasse de parecer desesperadora. Centenas de milhares de homens assassinados nas primeiras horas da manhã, os terríveis muros das prisões, uma Europa cuja terra está fumegando com milhões de cadáveres que um dia foram seus filhos, tudo isso foi necessário para pagar pela aquisição de duas ou três nuances que talvez não tenham outra utilidade a não ser ajudar alguns de nós a morrer melhor. Sim, é desesperador. Mas temos de provar que não merecemos tal injustiça. Essa é a tarefa que estabelecemos para nós mesmos, e ela começa amanhã. Nesta noite da Europa, onde os ventos do verão estão soprando, milhões de homens, armados ou desarmados, estão se preparando para a batalha. O amanhecer será quando vocês finalmente serão derrotados. Sei que o céu, que foi indiferente às suas vitórias atrozes, continuará indiferente à sua justa derrota. Mesmo hoje, não espero nada dele. Mas pelo menos teremos contribuído para salvar a criatura da solidão em que você queria colocá-la. Por ter desprezado essa lealdade ao homem, é você que, aos milhares, irá morrer sozinho. Agora posso te dizer adeus.

Julho de 1944.
Albert Camus

L'incroyant et les chrétiens[2]

Já que você gentilmente pediu a um homem que não compartilha de suas convicções que viesse responder à pergunta muito geral que você está fazendo durante essas palestras – antes de dizer o que eu acho que os não-crentes esperam dos cristãos – eu gostaria de reconhecer essa generosidade de espírito afirmando alguns princípios.

Em princípio, há um tipo de farisaísmo secular ao qual tentarei não ceder. Eu chamo de fariseu leigo alguém que finge acreditar que o cristianismo é fácil e que finge exigir mais dos cristãos do que eles exigem de si mesmos, em nome de um cristianismo visto de fora. Acredito que os cristãos têm muitas obrigações, mas que não cabe àqueles que as rejeitam lembrar àqueles que já as reconheceram de sua existência. Se alguém pode exigir algo de um cristão, esse alguém é o próprio cristão. A conclusão é que se eu tomasse a liberdade, no final deste artigo, de exigir alguns deveres de vocês, eles só poderiam ser deveres que é necessário exigir de cada homem hoje, seja ele cristão ou não.

Em segundo lugar, gostaria de declarar que, como não me sinto de posse de nenhuma verdade ou mensagem absoluta, jamais assumirei que a verdade cristã é ilusória, mas apenas que não fui capaz de entrar nela [...].

Tendo dito isso, será mais fácil para mim expor meu terceiro e último princípio. Ele é simples e claro. Não tentarei mudar nada do que eu penso ou do que os senhores pensam (até onde posso julgar) para chegar a uma conciliação que seja agradável para todos nós. Pelo contrário, o que quero dizer a vocês hoje é que o mundo precisa de um diálogo real, que o oposto do diálogo é a mentira e o silêncio, e que o diálogo só é possível entre pessoas que continuam sendo quem são e que falam a verdade. Em outras palavras, o mundo de hoje exige que os cristãos permaneçam cristãos. Outro dia, na Sorbonne, dirigindo-se a um palestrante marxista, um padre católico disse em público que ele também era anticlerical. Bem, eu não gosto de padres que são anticlericais, assim como não gosto de filosofias que se envergonham de si mesmas. Portanto, não tentarei me tornar um cristão na sua frente. Compartilho do seu horror ao mal. Mas não compartilho de sua esperança e continuo a lutar contra esse

2 Palestra proferida por Camus em 1948, no convento dominicano de La Tour Maubourg.

mundo onde as crianças sofrem e morrem. E por que não digo isso aqui, como já escrevi em outros lugares? Esperei muito tempo durante esses anos terríveis para que uma grande voz se levantasse em Roma. Eu, um descrente? Exatamente. Porque eu sabia que o espírito se perderia se ele não soltasse o grito da condenação diante da força. Parece que essa voz se levantou. Mas juro a vocês que milhões de homens comigo não a ouviram e que havia então em todos os corações, crentes ou descrentes, uma solidão que não parou de crescer com o passar dos dias e a multiplicação dos carrascos.

Desde então, foi-me explicado que a sentença havia de fato sido proferida. Mas que ela havia sido proferida na linguagem das encíclicas, o que não é nada claro. A condenação havia sido feita e não havia sido compreendida! Quem poderia deixar de sentir aqui onde está a verdadeira condenação, e quem poderia deixar de ver que esse exemplo, por si só, fornece um dos elementos da resposta, talvez toda a resposta que você está me pedindo. O que o mundo espera dos cristãos é que eles falem em alto e bom som, e que levem sua condenação de tal forma que nenhuma dúvida, nem uma única dúvida, possa surgir no coração do homem mais simples. Eles devem sair da abstração e encarar a face manchada de sangue da história atual. A reunião de que precisamos é uma reunião de homens determinados a se manifestar e a pagar com a própria vida. Quando um bispo espanhol abençoa execuções políticas, ele não é mais um bispo ou um cristão, e nem mesmo um homem, ele é um cachorro, assim como aquele que, do alto de sua ideologia, ordena a execução sem fazer o trabalho ele mesmo. Estamos esperando e eu estou esperando por aqueles que não querem ser cães e que estão determinados a pagar o preço que deve ser pago para que o homem seja algo mais do que um cão.

E agora, o que os cristãos podem fazer por nós? Em primeiro lugar, devemos acabar com as discussões inúteis, a primeira das quais é o pessimismo. Acredito, por exemplo, que o Sr. Gabriel Marcel faria bem em deixar em paz as formas de pensamento que o fascinam e o desviam. O Sr. Marcel não pode se considerar um democrata e, ao mesmo tempo, exigir que a peça de Sartre seja proibida. É uma posição cansativa para todo mundo. É porque o Sr. Marcel quer defender valores absolutos, como o pudor e a verdade divina do homem, enquanto se trata de defender os poucos valores provisórios que permitirão que o Sr. Marcel continue a lutar um dia, e a seu bel-prazer, por esses valores absolutos...

Que direito teria um cristão ou um marxista de me acusar, por exemplo, de pessimismo? Não fui eu quem inventou a miséria da criatura, nem as fórmulas terríveis da maldição divina. Não fui eu quem gritou esse *nemo bonus*, ou a condenação das crianças sem batismo. Não fui eu quem disse que o homem era incapaz de salvar a si mesmo e que, das profundezas de sua humilhação, ele não tinha esperança, exceto na graça de Deus. Quanto ao famoso otimismo marxista! Ninguém levou mais longe sua desconfiança em relação ao homem e, no final, as fatalidades econômicas deste universo parecem mais terríveis do que os caprichos divinos.

Cristãos e comunistas me dirão que seu otimismo é mais abrangente, que é superior a tudo o mais e que Deus ou a história, conforme o caso, são o resultado satisfatório de sua dialética. Tenho o mesmo raciocínio a fazer. Se o cristianismo é pessimista em relação ao homem, ele é otimista em relação ao destino humano. Bem, eu diria que, se sou pessimista em relação ao destino humano e sou otimista em relação ao homem. E não em nome de um humanismo que sempre me pareceu pequeno, mas em nome de uma ignorância que tenta não negar nada.

Isso significa, então, que as palavras pessimismo e otimismo precisam ser esclarecidas e que, até que possamos fazer isso, precisamos reconhecer o que nos une em vez do que nos separa.

Acho que isso é tudo o que eu queria dizer. Estamos enfrentando o mal. E é verdade que me sinto um pouco como Agostinho antes do cristianismo, que disse: "Eu procurava a origem do mal e não conseguia encontrar a saída". Mas também é verdade que eu sei, junto com alguns outros, o que precisa ser feito, se não para reduzir o mal, pelo menos para não aumentá-lo. Talvez não consigamos evitar que esta seja a criação onde as crianças são torturadas. Mas podemos reduzir o número de crianças que estão sendo torturadas. E se você não nos ajudar, quem no mundo poderá?

Entre as forças do terror e as do diálogo, uma grande e desigual combate teve início. Tenho apenas ilusões razoáveis sobre o resultado desse combate. Mas acredito que ele deve ser travado, e sei que pelo menos algumas pessoas estão determinadas a fazê-lo. Só temo que, às vezes, elas se sintam um pouco sozinhas, que estejam de fato sozinhas e que, com dois milênios de diferença, corramos o risco de assistir o sacrifício de Sócrates repetidas vezes. O programa de amanhã é a cidade do diálogo, ou a morte solene e significativa das testemunhas do diálogo. Depois de dar minha resposta, a pergunta que faço aos cristãos é a seguinte: "Sócrates ainda estará sozinho, e não há nada nele ou em sua doutrina que o leve a se juntar a nós?"

É provável e estou bem ciente, de que o cristianismo pode responder negativamente. Não de suas bocas, eu acredito. Mas pode ser, e isso ainda é o mais provável, que ele persista em fazer concessões ou em dar às suas condenações a forma obscura de uma encíclica. Pode ser que persista em se permitir ser permanentemente despojado da virtude da revolta e da indignação que lhe pertenceu, desde muito tempo. Então os cristãos viverão e o cristianismo morrerá. Então, serão os outros que pagarão o sacrifício. De qualquer forma, esse é um futuro que não cabe a mim decidir, apesar de toda a esperança e angústia que ele desperta em mim. Só posso falar do que sei. E o que eu sei, e que às vezes me deixa nostálgico, é que se os cristãos decidissem, milhões de vozes – milhões você ouve – seriam adicionadas em todo o mundo ao grito de um punhado de solitários que, sem fé ou lei, estão implorando incansavelmente em todos os lugares hoje pelas crianças e pela humanidade.

Albert Camus

Dietrich Bonhoeffer[3]

Carta a Eberhard Bethge, 30 de abril de 1944

[...] Talvez você fique surpreso, ou no máximo preocupado, com meus pensamentos teológicos e suas consequências; nisso eu realmente sinto muito a sua falta, pois não sei com quem eu poderia falar sobre isso de uma forma clara. A questão do que é o cristianismo e quem é Cristo para nós hoje, me preocupa constantemente. O tempo em que podíamos dizer tudo aos homens, por meio de palavras teológicas ou piedosas, já passou, assim como o tempo da interioridade e da consciência, ou seja, o tempo da religião em geral. Estamos no limiar de uma era totalmente não-religiosa; do jeito que estão, os homens simplesmente não podem mais ser religiosos; mesmo aqueles que honestamente se declaram religiosos não praticam sua religião de forma alguma; eles provavelmente até entendem o termo de forma bem diferente. Toda a nossa pregação e teologia cristã de mil e novecentos anos é baseada no "*a priori* religioso" dos homens. O "cristianismo" sempre foi uma forma de religião (talvez a verdadeira religião). Se um dia descobrirmos que esse *a priori* não existe, mas que era uma forma de expressão humana dependente da história e perecível, se os homens se tornarem radicalmente não-religiosos – e acredito que isso já esteja acontecendo mais ou menos (por que, por exemplo, essa guerra, ao contrário de todas as outras, não provoca uma reação religiosa? Uma vez que a base do que tem sido nosso cristianismo até agora tenha sido removida, nossa religião só pode fazer contato com alguns "últimos cavaleiros" e um punhado de homens intelectualmente desleais. Poderiam ser eles os poucos escolhidos? Vamos correr como fanáticos, cheios de zelo ou indignação, para esse grupo de homens duvidosos a fim de vender-lhes nossa mercadoria? Vamos atacar alguns infelizes em seus momentos de fraqueza e violá-los religiosamente, por assim dizer? Se não quisermos nada disso, se, no final das contas, considerarmos a forma ocidental de cristianismo como a porta de entrada para a completa não-religiosidade, em que situação isso nos deixaria, para a Igreja? Como Cristo pode também

3 As cartas do autor foram publicadas em *Résistance et soumission*, Genebra, Labor et Fides, 1973, p. 288-290 e 371-373. Trechos revisados e corrigidos por Arnaud Corbic.

se tornar o Senhor dos não religiosos? Existem cristãos sem religião? Se a religião é apenas uma vestimenta para o cristianismo – e essa vestimenta mudou de aparência em diferentes épocas – o que é então um cristianismo não religioso? Barth, a única pessoa que começou a pensar nessa direção, não aprofundou seus pensamentos e não os levou a uma conclusão bem sucedida, mas chegou a um "positivismo" da Revelação que, no final, foi reduzido a uma restauração. Nada de decisivo foi obtido para o trabalhador ou para o homem não religioso, efetivamente. As perguntas que precisam ser respondidas são: o que significa uma Igreja, uma paróquia, a pregação, a liturgia e a vida cristã em um mundo sem religião? Como podemos falar sobre Deus sem religião, ou seja, sem os dados prévios e contingentes da metafísica, da interioridade, etc.? Como podemos falar (ou talvez não possamos mais falar, como temos feito até agora?) sobre Deus na "mundaneidade" ? Como podemos ser cristãos não religiosos na "mundaneidade"? Como podemos formar uma *ekklesia* sem nos vermos como chamados, como religiosamente privilegiados, mas sim como totalmente pertencentes ao mundo? Então Cristo não será mais o objeto da religião, mas algo bem diferente, verdadeiramente o Senhor do mundo. Mas o que isso significa? Qual é o significado da oração e da adoração na não-religiosidade? Será que a Disciplina Arcana[4], ou seja, a distinção entre a última e a penúltima realidades (uma distinção que vocês já conhecem de mim), assume uma nova importância aqui?

Tenho que parar por hoje porque a carta pode estar saindo agora mesmo. Daqui a dois dias, escreverei mais sobre isso. Espero que você entenda mais ou menos o que quero dizer e que não se aborreça. Adeus por hoje. Não é fácil escrever sempre sem eco; perdoe-me se minhas cartas se tornarem monólogos. Não tenho intenção de censurá-lo por seu silêncio. Você tem muitas outras coisas.

Atenciosamente,
Seu Dietrich

4 A doutrina segundo a qual os não iniciados eram afastados da celebração dos mistérios cristãos.

Carta a Eberhard Bethge, 21 de julho de 1944

Prezado Eberhard,

Estou lhe enviando apenas uma breve mensagem hoje. Imagino que seus pensamentos estejam conosco com tanta frequência que cada sinal de vida o agrada, mesmo que o diálogo teológico não continue. Embora seja verdade que eu esteja constantemente preocupado com pensamentos teológicos, há momentos em que as manifestações impensadas da vida e da fé são suficientes para mim. Então, simplesmente me divirto com os textos bíblicos do dia; os de ontem e de hoje, por exemplo, me trouxeram uma alegria especial"[5], e depois volto aos belos cânticos de Paul Gerhardt, que tenho o prazer de possuir.

Nos últimos anos, tenho me conscientizado e compreendido cada vez mais, a que ponto o cristianismo faz parte deste mundo. O cristão não é um *homo religiosus*, mas simplesmente um homem, assim como Jesus era um homem em contraste a João Batista. O cristão é terreno, não de uma forma plana e banal, como as pessoas iluminadas, eficientes, indiferentes ou lascivas, mas ele é disciplinado, e o conhecimento da morte e da ressurreição está sempre presente nele. Acredito que Lutero viveu dessa maneira.

Lembro-me de uma discussão que tive nos Estados Unidos com um jovem pastor francês há treze anos[6]. Nós simplesmente nos fizemos esta pergunta: o que queremos fazer com nossas vidas? Ele me disse: "Eu gostaria de ser um santo". (Acho que é possível que ele tenha realizado esse desejo.) Isso me impressionou muito na época. Mas eu respondi mais rapidamente: "Eu gostaria de aprender a crer". Durante muito tempo, não compreendi a profundidade do contraste entre essas duas atitudes. Eu achava que poderia aprender a crer enquanto tentava levar uma espécie de vida santa. O ponto culminante dessa jornada para mim foi certamente a redação de *Discipulado*[7]. Hoje, posso ver claramente os perigos desse livro, mas ainda o aceito.

5 20 de julho: "Alguns se gloriam em seus carros, outros em seus cavalos, mas nós nos gloriamos no nome do Senhor nosso Deus !" (Sl 20:8). "Se Deus é por nós, quem será contra nós" (Rm 8:31). 21 de julho: "O Senhor é o meu pastor; nada me faltará" (Sl 23.1). "Eu sou o bom pastor; conheço as minhas ovelhas e as minhas ovelhas me conhecem" (Jo 10,14).

6 Jean Lasserre.

7 *Nachfolge*.

Entendi mais tarde, e ainda estou aprendendo, que é vivendo a vida plenamente que você passa a crer. Quando você renuncia completamente a se tornar alguém – um santo, ou um pecador convertido, ou um homem da Igreja (o que chamamos de figura clérica), uma pessoa justa ou injusta, uma pessoa doente ou uma pessoa saudável – para viver na multidão de tarefas, perguntas, sucessos e fracassos, experiências e perplexidades - e isso é o que chamo de viver no mundo –, então nos colocamos totalmente nas mãos de Deus, levamos a sério não nossos próprios sofrimentos, mas os de Deus no mundo, assistimos com Cristo no Getsêmani; Isso, penso eu, é fé, *metanoia*; é assim que você se torna um homem, um cristão (cf. Jr 45). Como o sucesso pode nos tornar insolentes, ou o fracasso nos perturbar, se na vida terrena sofremos o sofrimento de Deus?

Você entende o que quero dizer, mesmo que eu o diga de forma tão breve. Sou grato por ter tido a oportunidade de discernir isso, e sei que só consegui fazer isso por causa do caminho que percorri. É por isso que penso no passado e no presente no reconhecimento da paz. – Talvez você esteja surpreso por receber uma carta tão pessoal? Quando quero expressar esses sentimentos, a quem posso dizê-los se não for a você? Talvez chegue o momento em que eu possa falar assim com Maria também; espero que sim. Mas, por enquanto, eu não poderia exigir isso dela. Que Deus nos conduza com bondade em nossos momentos, mas, acima de tudo, que ele nos conduza a si mesmo!

Sua mensagem me deixou particularmente feliz, e fico feliz em saber que você não está com muito calor. Muitas de minhas cartas ainda devem chegar a ti. Não fizemos praticamente a mesma viagem em 1936?

Adeus, mantenha-se saudável e não perca a esperança de que nos veremos novamente em breve. Sempre pensarei em você com fé e gratidão.

Teu Dietrich

BIBLIOGRAFIA

BARTH, K.

Dogmatique, trad. do alemão, Genève, Labor et Fides, 1954.

BLONDEL, E.

Nietzsche: le "cinquième 'évangile' "?, Paris, Les Bergers et les Mages, 1980, 264 p. Do mesmo autor, "*La religion comme athéisme*" in: *Lumière et vie*, t. XXXI, n° 156, janvier-février-mars 1982, p. 51-67.

BONHOEFFER, D.

Éthique (*Ethik*), 1949, trad. fr., Genève, Labor et Fides, 1965.

Résistance et soumission (*Widerstand und Ergebung*), 1951, trad. L. Jeanneret, Genève, Labor et Fides, 1973, 444 p.

CAMUS, A.

Théâtre, Récits, Nouvelles, prefaciado por Jean Grenier, textos elaboarados e anotados por Roger Quilliot, "Bibliothèque de la Pléiade", Paris, Gallimard, 1962, 2088 p. (1)

Essais, introdução por R. Quilliot, edição elaborada e anotada por R. Quilliot et L. Faucon, "Bibliothèque de la Pléiade", Paris, Gallimard, 1965, 1975 p. (II)

Noces (essais), Alger, Charlot, 1939; Paris, Gallimard, 1947.

Le Mythe de Sisyphe (essai philosophique sur l'absurde), Paris, Gallimard, 1952.

Lettres à un ami allemand (essai de morale politique), Paris, Gallimard, 1945.

La Peste (roman), Paris, Gallimard, 1947.

L'Homme révolté (essai philosophique sur la révolte), Paris, Gallimard, 1951.

La Chute (récit), Paris, Gallimard, 1956.

CASSIRER, E. & HEIDEGGER, M.

Débat sur le kantisme et la philosophie: Davos, mars 1929 (traduizido do alemão por P. Aubenque), "Bibliothèque des Archives de Philosophie", n° 12, Paris, Beauchesne, 1972.

CORBIC, A.

Dietrich Bonhoeffer, résistant et prophète d'un christianisme non religieux, 1906-1945, coll. "Spiritualités vivantes", Poche, Paris, Albin Michel, 2002.

"*Dietrich Bonhoeffer. Le Christ, Seigneur des non- religieux*" in: Études, mars 2001, pp. 371-382. Traduzido do espanhol in: *Selecciones de teología*, vol. 41, n° 161, janvier-mars 2002, p. 51-58.

DE LUBAC, H.

Le Drame de l'humanisme athée in Œuvres complètes, Première section: L'homme devant Dieu, tomo II, 1959, Paris, Éd. du Cerf, 1998 (6ª edição), 441 p.

DOSTOÏEVSKI, F.

Les Frères Karamazov, trad. E. Guertik, Paris, Librairie Générale Française, 1972.

DUMAS, A.

Une Théologie de la réalité : Dietrich Bonhoeffer, Genève, Lab- or et Fides, 1968.

GRENIER, J.

Albert Camus, *souvenirs*, Paris, Gallimard, 1968. J. ONIMUS, Camus, Paris, Desclée De Brouwer, 1965.

JONAS, H.

Le Concept de Dieu après Auschwitz: une voix juive, trad. P. Ivernel, Paris, Rivages-Poche, 1994.

JUNGEL, E.

Dieu mystère du monde (*Gott als Geheimnis der Welt*), 1977, trad. fr. Sob a direção de H. Hombourg, tomos I et II, col. "Cogitatio Fidei", n° 116-117, Paris, Éd. du Cerf, 1983.

KIERKEGAARD, S.

Traité du désespoir, trad. Ferlov et Gâteau, Paris, Gallimard, 1949.

LARMORE, C.

Modernité et morale, trad. do americano por C. Beauvillard, Paris, P.U.F., 1993.

MARLE, R.

"Un témoin du protestantisme contemporain : Dietrich Bonhoeffer" in: *Christus*, t. 11, n° 41, janvier 1964, p. 131-144.

MOLTMANN, J.

Le Dieu crucifié. La croix du Christ, fondement et critique de la théologie chrétienne (1972), trad. do alemão, Paris, Éd. du Cerf, 1974.

MOTTU, H.

"Le cours de D. Bonhoeffer: *Création et chute*" in: RSR, t. 83, n° 4 (1995), p. 621-637.

MOUSSÉ, J.

"L'éthique pour Bonhoeffer" in: Études, juillet-août 1995, p. 57-65.

NIETZSCHE, F.

Le Gai savoir, trad. P. Klossowski, Paris, Gallimard, 1982.

Ainsi parlait Zarathoustra, trad. G.-A. Goldschmidt, Paris, Librairie Générale Française, 1983.

L'Antéchrist, apresentação e tradução de Éric Blondel, Paris, GF Flammarion, n° 753, 2ª édição corrigida, 1996, 215 p.

PASCAL, B.

Les Pensées, classificação de Léon Brunschvicg. Lattès, 1988.

RICŒUR, P.

"*L'Homme révolté de Camus*" in: Christianisme social, 1952, n° 5-6, p. 229-239.

"Le mal, un défi à la philosophie et à la théologie" in *Lectures 3*, Paris, Éd. du Seuil, 1994, p. 211-233.

SAROCCHI, J.

Camus, col. "Philosophes", Paris, P.U.F., 1968, 126 p.

SCHILLEBEECKX, E.

Approches théologiques, II, Dieu et l'homme (*Theologische Peilingen, II, God en Mens*), trad. do holandês por P. BOURGY, Bruxelles, Éditions du CEP, 1965.

TILLICH, P.

Le christianisme et les religions (trad. do inglês),Paris, Aubier-Montaigne, 1968.

VALADIER, P.

Nietzsche et ta critique du christianisme, col. "Cogitatio Fidei", n° 77, Paris, Éd. du Cerf, 1974. Do mesmo autor, *Nietzsche, l'athée de rigueur*, Paris, Desclée De Brouwer, 1975.